Petra Schön/Andrea Pogoda Saam

Den Zahlenraum bis 100 aktiv entdecken

Produktives Üben in der Förderschule

Persen Verlag GmbH

Gedruckt auf umweltbewusst gefertigtem, chlorfrei gebleichtem
und alterungsbeständigem Papier.

3. Auflage 2010
Nach den seit 2006 amtlich gültigen Regelungen der Rechtschreibung

Satz: YellowHand, Köngen – www.yellowhand.de
ISBN: 978-3-8344-**3765**-5
www.persen.de

Inhalt

Einführung

Arbeitsblätter zu den einzelnen Themen

Kopfrechen-Hausaufgaben

Vorwort

Dies ist der dritte Band der Reihe „Den Zahlenraum aktiv entdecken“, in dem der Zahlenraum bis 100 im Mittelpunkt steht. Schwerpunkte stellen das „Rechnen bis 100 mit Zehnerübergang“ und das „kleine Einmaleins“ dar. Die Arbeitsblätter bezüglich der Sachaufgaben werden differenziert angeboten und bieten sowohl schwächeren als auch stärkeren Schülerinnen und Schülern individuelle Aufgaben.

Ein wichtiger Akzent dieses Bandes liegt auf dem „aktiv-entdeckenden Lernen“. Die Erfahrungen in den vorangegangenen zwei Schuljahren, in denen der Zahlenraum bis 20 ebenfalls auf diesem Weg erarbeitet wurde, haben uns gezeigt, dass die Kinder viel Freude beim aktiv-entdeckenden Lernen in Mathematik hatten.

So haben wir weitere vielfältige Arbeitsblätter zusammengestellt, die das entdeckende Lernen und produktive Üben in den Vordergrund stellen. Die Kopiervorlagen eignen sich sehr gut als zusätzliche Übungsmaterialien in der Förderschule. Zum anderen eignen sie sich zur Differenzierung in der Grundschule.

Wir wünschen Ihnen und Ihren Schülerinnen und Schülern viel Freude und Erfolg beim Entdecken der Mathematik!

Petra Schön
Andrea Pogoda Saam

Zum mathematischen Konzept

Dieser Band knüpft an die neueren Konzepte und Lehrpläne des Mathematikunterrichts an. Diese betonen das aktiv-entdeckende Lernen. Das bedeutet, *„die Kinder nicht zu belehren, sondern ihnen Probleme zu stellen, an denen sie lernen können“* (MICHAEL GAIDOSCHIK: Rechenschwäche verstehen – Kinder gezielt fördern. Persen Verlag GmbH, Buxtehude 2007, S. 10). Die Schülerinnen und Schüler können individuelle Lösungswege und Strategien, die ihrem Entwicklungsstand entsprechen, mit unterschiedlichem Zeitaufwand entwickeln und weiter anwenden.

Die Lehrkräfte werden dazu angehalten, diese individuellen Lösungswege zu analysieren und ernst zu nehmen. „Fehler“, die als wichtige Hinweise für den Lernprozess des Kindes erachtet werden, werden genauer „unter die Lupe genommen“ und es wird im Gespräch versucht, die Kinder dazu anzuregen, nach weiteren Lösungswegen, die zum richtigen Ergebnis führen, zu suchen. Das Versprachlichen der eigenen Gedanken und Lösungswege ist unentbehrlich für die Weiterbildung des Denkens. Der sozialen Interaktion und Kommunikation wird bewusst Raum gegeben. Diesem Aspekt wird durch die „Rechensprechblätter“ und „Kopfrechenhausaufgaben“ – so wie wir diese bezeichnen – Rechnung getragen. Nähere Informationen hierzu finden Sie auf den folgenden Seiten.

Abschließend ist zu betonen: Kinder sind von Natur aus kleine „Forscher und Entdecker“ und haben Freude an der aktiv-entdeckenden Mathematik!

Didaktisch-methodisches Vorgehen

Ausgangspunkt sollte eine Alltagssituation sein, in der die Kinder in einer freien Erkundungsphase den mathematischen Lerninhalt in Einzel-, Partner- oder Gruppenarbeit spielerisch entdecken können. Die Lerninhalte werden auf konkreter, ikonischer und symbolischer Ebene erarbeitet.
Anschließend werden die unterschiedlichen Lösungswege und Ergebnisse diskutiert und sinnvolle Lösungswege und Strategien festgehalten. Dann wendet jedes Kind in einer Übungsphase den für sich geeigneten Lösungsweg an. Wichtig ist das Erfinden eigener Aufgaben, sodass das Kind individuelle Lernerfolge zeigen und seine Strategien überprüfen kann.
Die Lehrperson unterstützt diesen Lernprozess und gibt individuelle Anregungen.

Die Kopfrechen-Hausaufgaben

Die Kopfrechen-Hausaufgaben sind, wie der Name schon andeutet, für das Arbeiten zu Hause – mithilfe der Eltern – gedacht. Dazu ist es unumgänglich, die Eltern über das neue Mathematikkonzept zu informieren und sie dazu anzuleiten. Sie können ihre Kinder dabei unterstützen, bestimmte Fertigkeiten zu automatisieren.
Die Kopfrechen-Hausaufgaben finden sie gebündelt ab Seite 101.
Sie können im Rahmen des jeweiligen Themas an die Kinder ausgeteilt werden. Abgedeckt werden folgende Bereiche:

- Die Zahlen bis 100 kennen lernen
- Ergänzen zum nächsten Zehner
- Mit Zehnern und Einern bis 100 rechnen ohne Zehnerübergang
- Verdoppeln
- Subtraktion bis 100 mit oder ohne Zehnerübergang
- Das kleine Einmaleins

Die Lernzielkontrollen (LZK)

Die Lernzielkontrollen werden differenziert angeboten. Die Version A ist jeweils für starke Schülerinnen und Schüler gedacht, während die zweite Version B jeweils für schwächere Schüler konzipiert wurde.

⇒ Anmerkung zu LZK 1, Aufgabe 1: Zahlenbilder werden „blitzartig" am OHP gezeigt und die Schüler schreiben sie auf (Schulung der strukturierten Mengenerfassung) oder/und Zahlen werden akustisch dargeboten, z.B. 1 Zehner entspricht „1 Triangelschlag" und 1 Einer entspricht „1 Klopfen auf Klanghölzern".

Lernziel-kontrolle	Themenbereiche	Überprüfte Lernziele	Differenzierung
1. LZK	Addition und Subtraktion bis 20 Übungsformate Rechnen mit Geld Rechengeschichten	– Beherrschen der Subtraktion und Addition mit ZÜ – Sachsituationen erschließen – Rechnen mit Geld	1 Version A für stärkere Schülerinnen und Schüler 1 Version B und 1 Version C für schwächere Schülerinnen und Schüler
2. LZK	Die Zahlen bis 100 im Hunderterfeld und am Zahlenstrahl Zahlenreihe Zahlzerlegung Z/E	– Mengenerfassung beherrschen – Rechengesetze und Strategien erkennen	1 Version A für stärkere Schülerinnen und Schüler 1 Version B für schwächere Schülerinnen und Schüler
3. LZK	Verdoppelung Addition und Subtraktion ohne ZÜ Tauschaufgaben Addition und Subtraktion mit ZÜ Aufgabenreihen	– Beherrschen der Subtraktion und Addition ohne/mit Zehnerübergang (Rechenfertigkeiten) – Rechengesetze anwenden	1 Version A für stärkere Schülerinnen und Schüler 1 Version B für schwächere Schülerinnen und Schüler
4. LZK	Einmaleinsaufgaben Geteiltaufgaben Rechengeschichten	– Rechenfertigkeiten – Sachsituationen verstehen und lösen	1 Version A für stärkere Schülerinnen und Schüler 1 Version B und 1 Version C für schwächere Schülerinnen und Schüler

Zum Umgang mit den Arbeitsblättern

Der Band ist in unterschiedliche Themenbereiche des Mathematikunterrichts aufgeteilt (z. B. das Hunderterfeld, Bündeln, Verdoppeln, Einmaleins). Die Aufgaben beschränken sich auf den Zahlenraum bis 100. Bei selbst zu erfindenden Aufgaben kann der Zahlenraum frei gewählt werden.

Es ist sinnvoll, für jedes Kind folgende Materialen bereitzustellen:

- Wendeplättchen
- Abbildung der Hundertertafel
- Abbildung des Zahlenstrahls bis 100
- Rechenrahmen bis 100
- Rechengeld

Rechensprechblätter

In diesem Konzept hat Sprache eine Doppelfunktion. Sie ist sowohl Mittel zur Kommunikation als auch selbst Mittel im Prozess des Aufbaus geistiger Operationen. Die Kinder sollen die mathematischen Beziehungen der Aufgaben zueinander sprachlich darstellen. Nur so wird deutlich, ob sie diese verstanden haben. Die Aufgaben sind nicht zum schriftlichen Bearbeiten gedacht.

Die Rechensprechblätter finden sich gebündelt ab S. 109. Sie können im Rahmen des jeweiligen Themas an die Kinder ausgeteilt werden. Abgedeckt werden die folgenden Bereiche:

- Verdoppeln
- Verwandte Aufgaben
- Tauschaufgaben
- Einmaleins

Name: Datum:

Zora Zehn auf dem Wochenmarkt

- Wie viele Zehnerschachteln verkauft sie?
  Schreibe die Zehnerzahl auf!

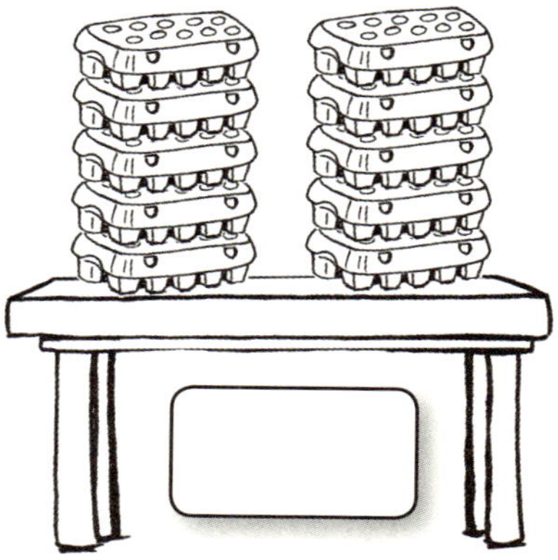

P. Schön/A. Pogoda Saam: Den Zahlenraum bis 100 aktiv entdecken

Die Zehnerzahlen bis 100

① Schreibe die Zehnerzahl auf!

1 Zehner	10
2 Zehner	
3 Zehner	
4 Zehner	
5 Zehner	
6 Zehner	
7 Zehner	
8 Zehner	
9 Zehner	
10 Zehner	

② Schreibe die Zehnerzahl auf!

dreißig		achtzig		vierzig	
fünfzig		sechzig		siebzig	
neunzig		hundert		zwanzig	

③ Wie heißen die Nachbarzehnerzahlen? Schreibe auf!

10					70		90			30	
	40		60					50	80		

④ Welche Zehnerzahl ist größer >, kleiner < oder gleich =? Schreibe auf!

60	>		90	>		40	<		90	<	
50	<		20	<		30	=		80	=	

P. Schön/A. Pogoda Saam: Den Zahlenraum bis 100 aktiv entdecken

Name: Datum: 1

Das Hunderterfeld

① Wie viele Zehner sind schwarz gefärbt? Schreibe die Zehnerzahl auf!

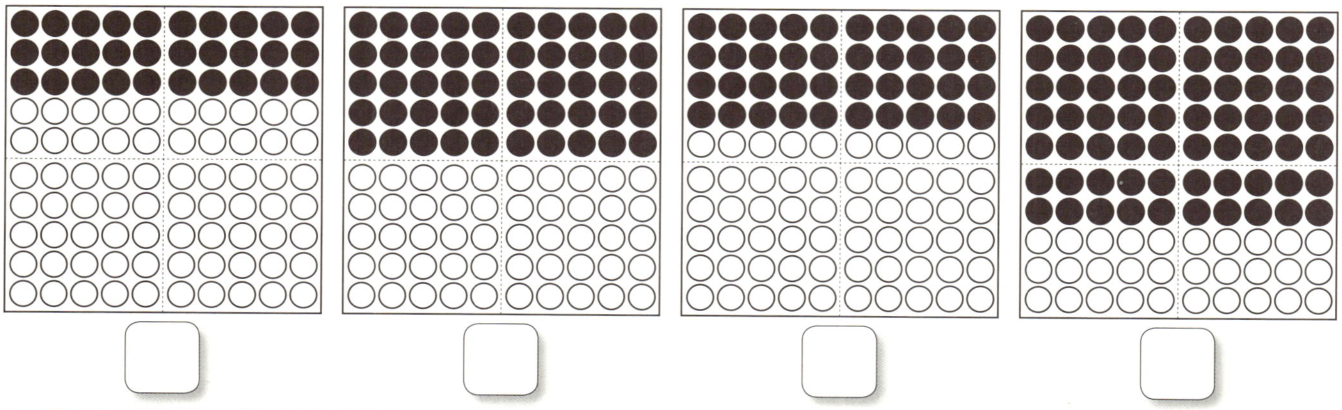

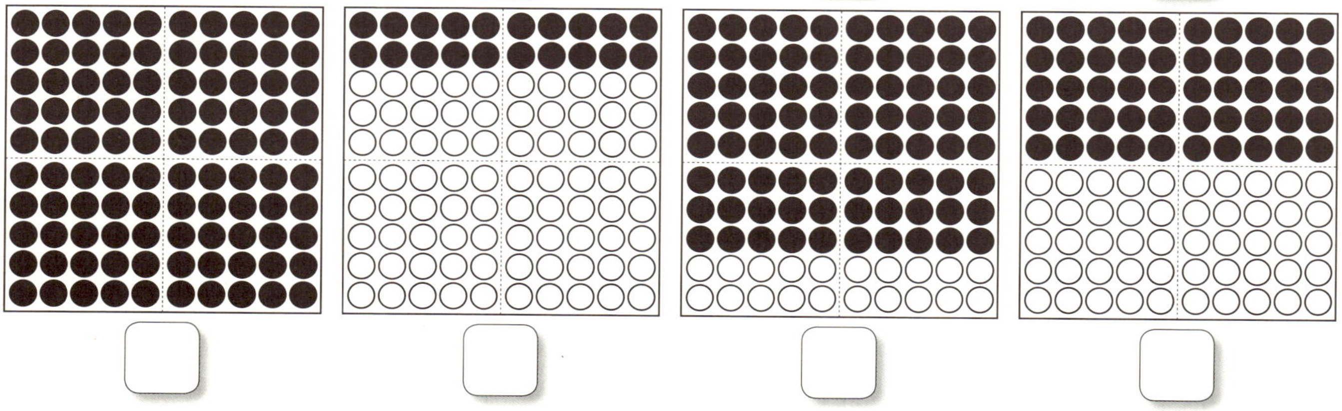

② Male die Zehnerreihen blau aus!

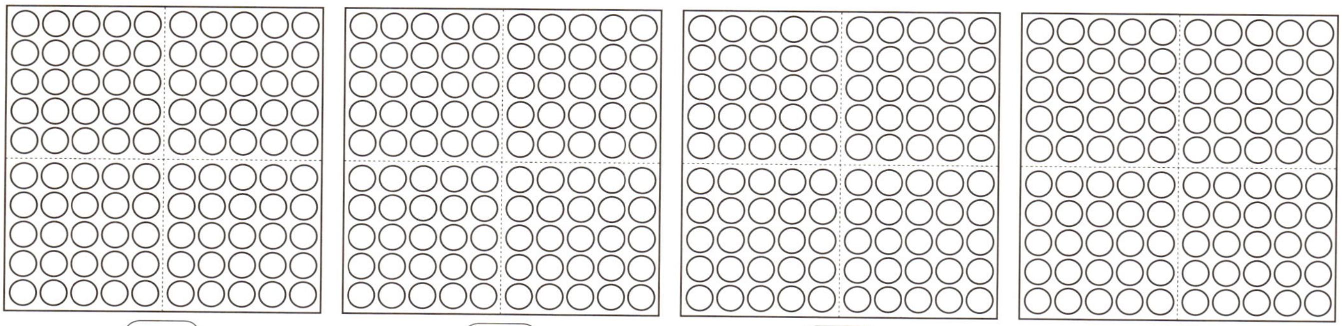

40 | 60 | 90 | 30

③ Zerlege die 100 am Feld!

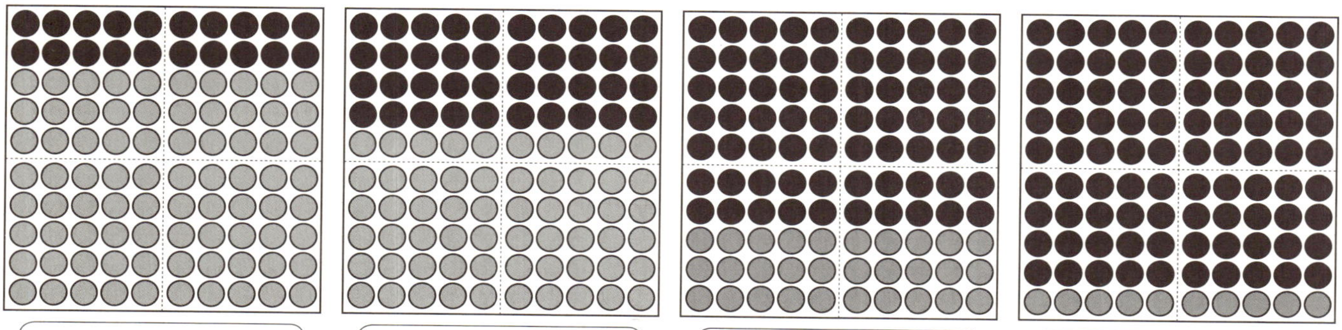

20 + __ = 100 | __ + __ = 100 | __ + __ = 100 | __ + __ = 100

Name: Datum: 1

Immer 100

① Wie kann man die 100 zerlegen? Schreibe auf!

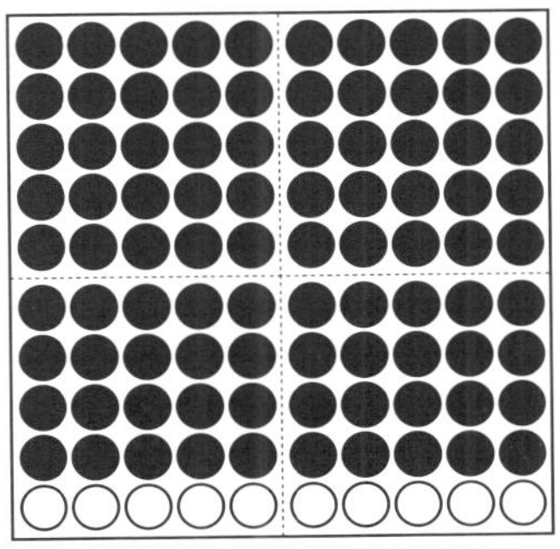

100 = 90 + 10

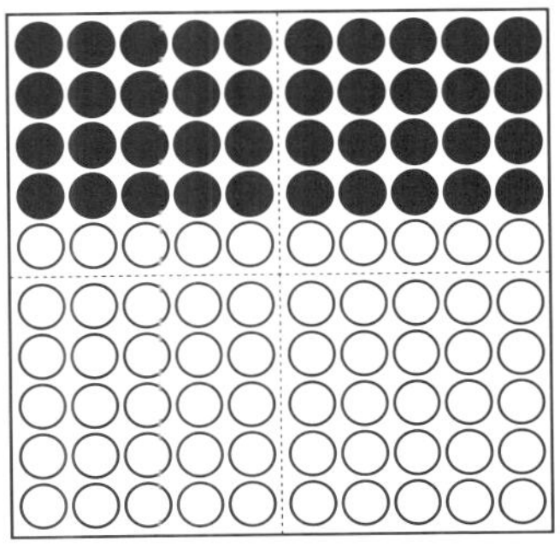

100 = __ + __

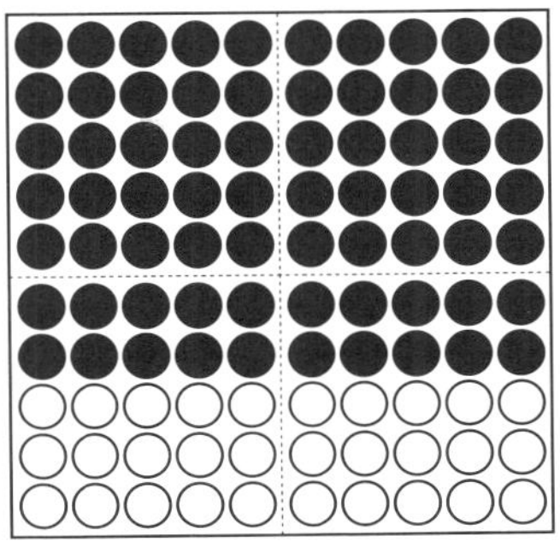

100 = __ + __

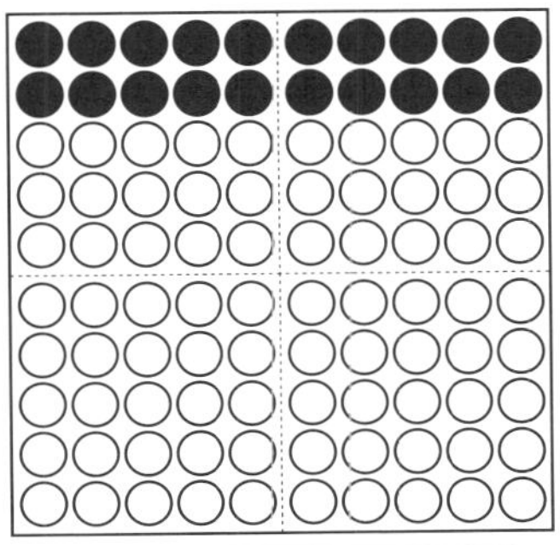

100 = __ + __

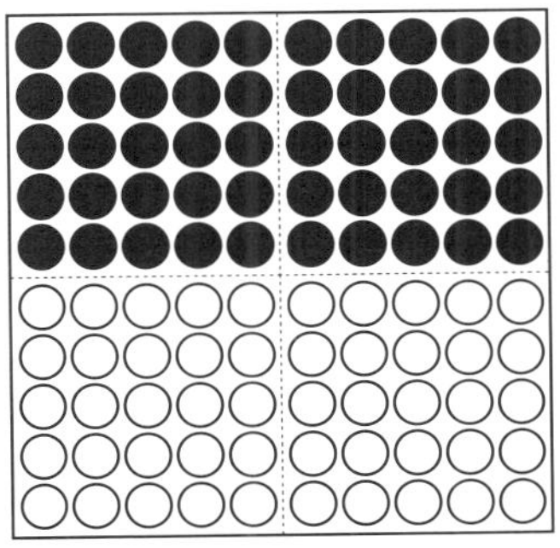

100 = __ + __

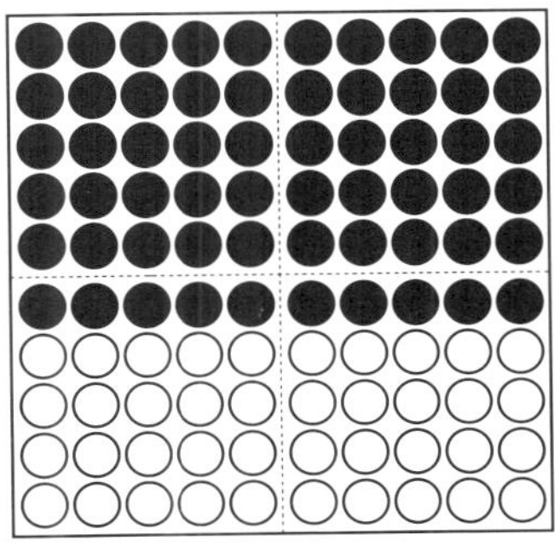

100 = __ + __

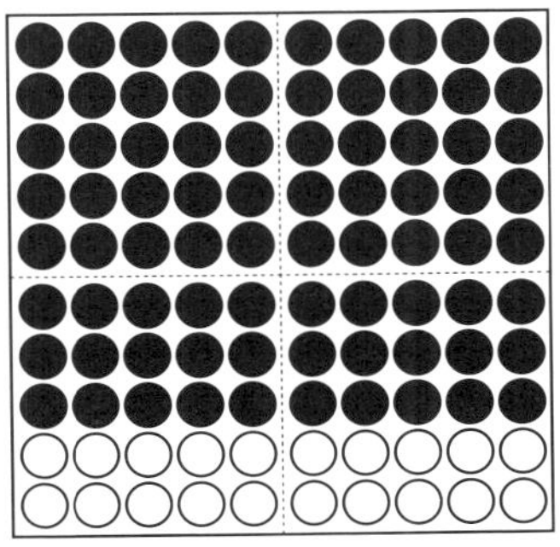

100 = __ + __

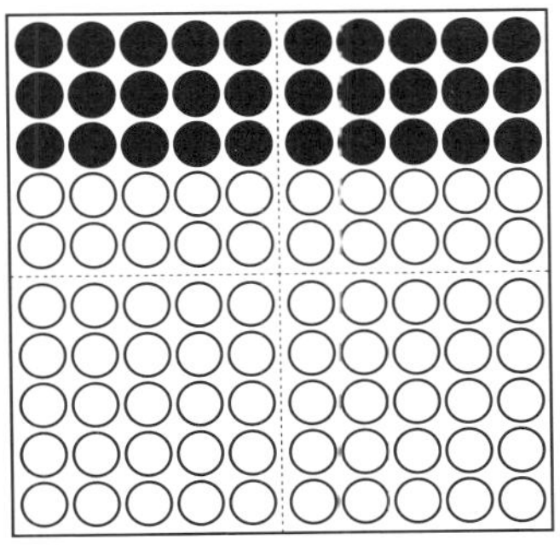

100 = __ + __

② Zerlege die 100!

100
80 +
60 +
40 +
0 +

100
+ 70
+ 30
+ 50
+ 90

③ Finde eigene Zerlegungsmöglichkeiten! Male die Zehnerreihen rot und blau aus!

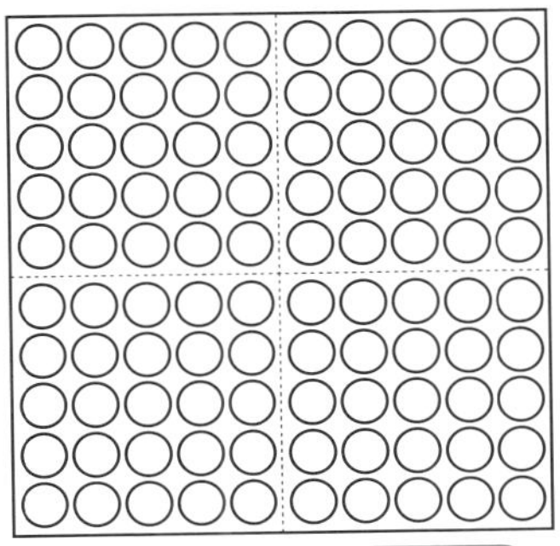

100 = __ + __

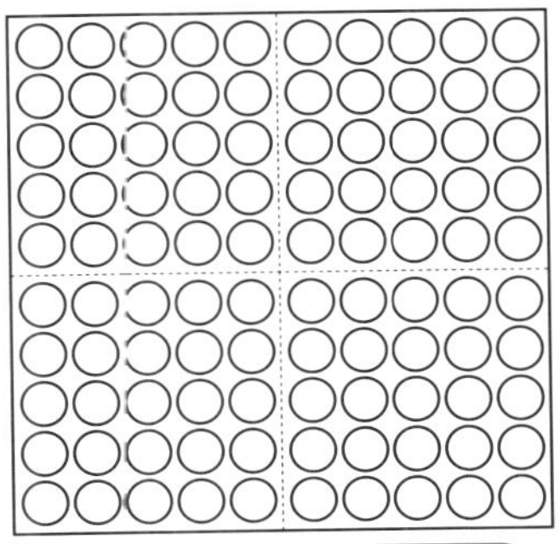

100 = __ + __

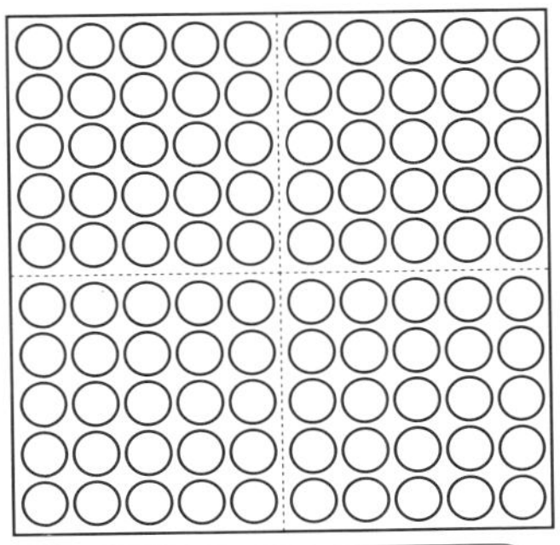

100 = __ + __

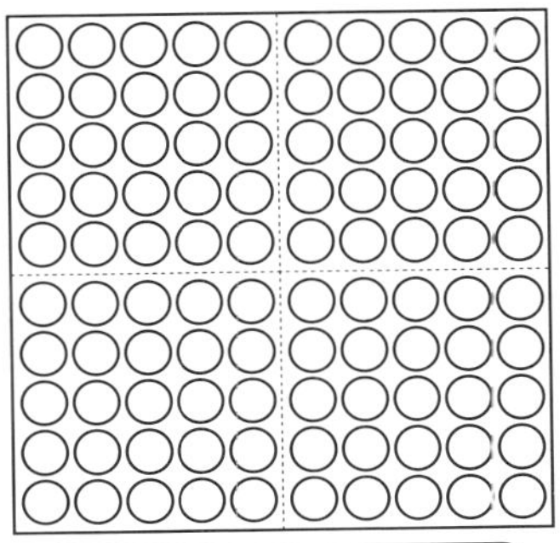

100 = __ + __

Name: Datum: **1**

Geschwisteraufgaben bis 100

① Wie viele Eier hält Zora Zehn in der Hand? Schreibe die Rechnung auf!

3 + 2 = ☐

30 + 20 = ☐☐

4 + 3 = ☐
40 + 30 = ☐☐

2 + 7 = ☐
20 + 70 = ☐☐

6 + 3 = ☐
☐☐ + ☐☐ = ☐☐

1 + 8 = ☐
☐☐ + ☐☐ = ☐☐

② Rechne die Geschwisteraufgaben aus!

9 − 4 = ☐
☐☐ − ☐☐ = ☐☐

8 − 5 = ☐
☐☐ − ☐☐ = ☐☐

7 − 1 = ☐
☐☐ − ☐☐ = ☐☐

6 − 2 = ☐
☐☐ − ☐☐ = ☐☐

③ Finde eigene Geschwisteraufgaben!

☐ ◯ ☐ = ☐
☐☐ ◯ ☐☐ = ☐☐

☐ ◯ ☐ = ☐
☐☐ ◯ ☐☐ = ☐☐

P. Schön/A. Pogoda Saam: Den Zahlenraum bis 100 aktiv entdecken

Name: Datum:

Geschwisteraufgaben am Zahlenstrahl bis 100

Male und rechne!

5	+	3	=	8

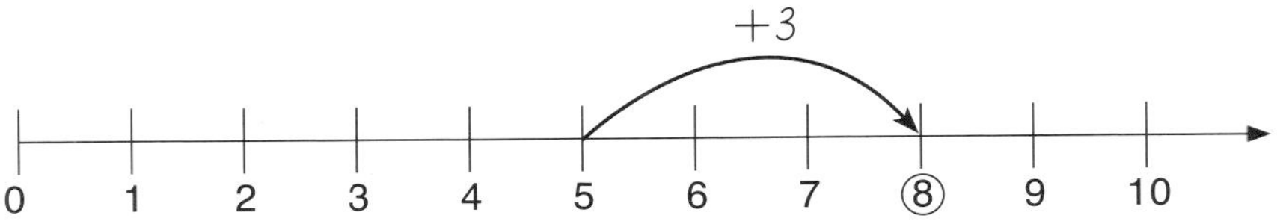

50	+	30	=	80

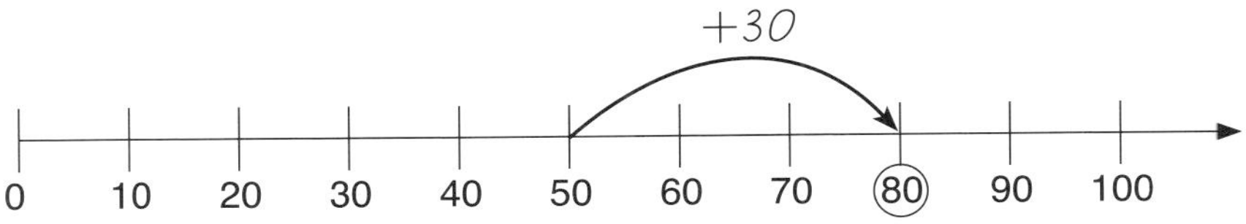

6	+	2	=	

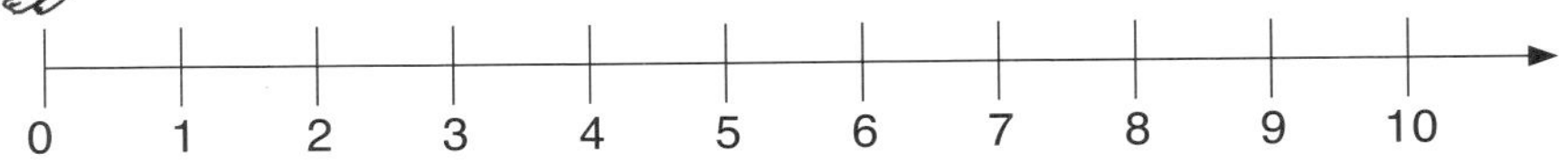

60	+	20	=	

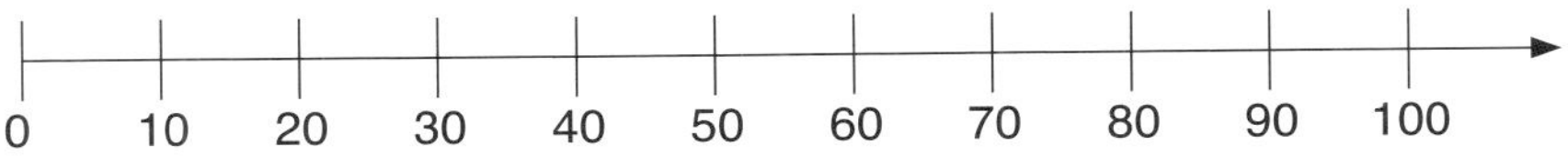

3	+	4	=	

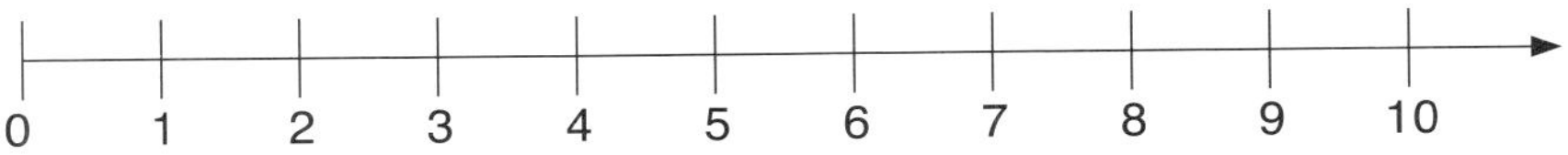

30	+	40	=	

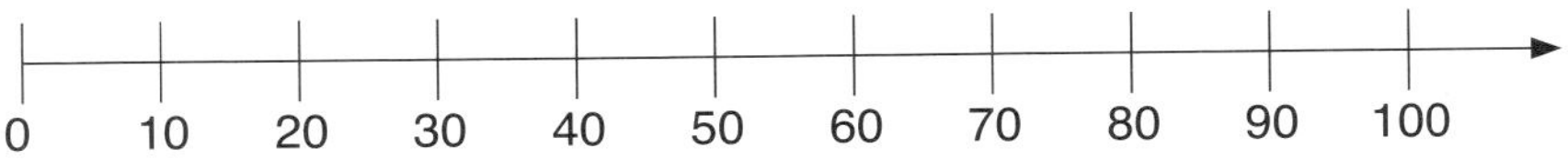

	+		=	

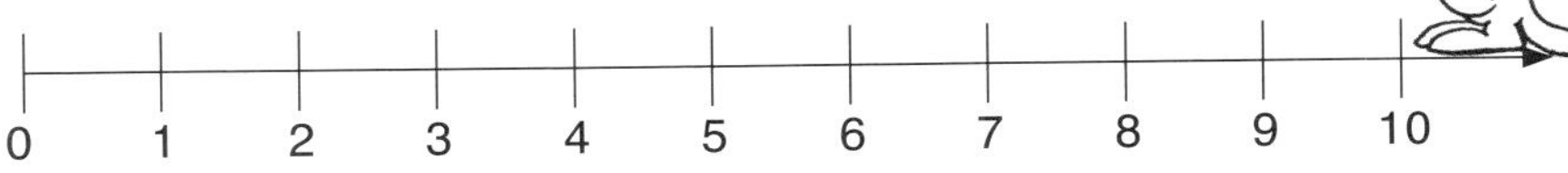

	+		=	

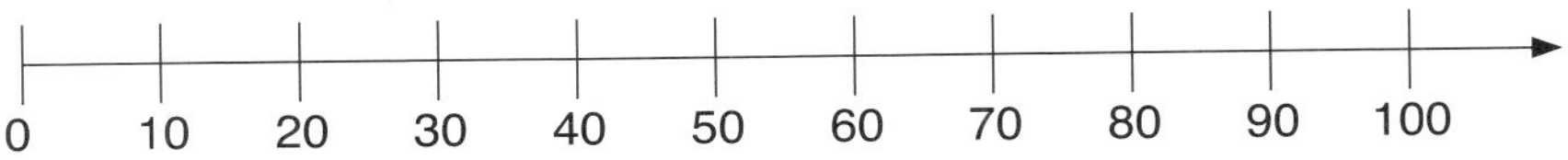

Name: Datum:

Geschwisteraufgaben am Zahlenstrahl bis 100

Male und rechne!

8	−	3	=	5

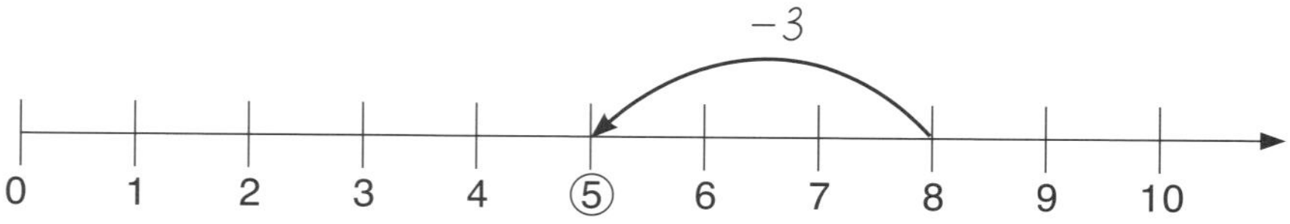

80	−	30	=	50

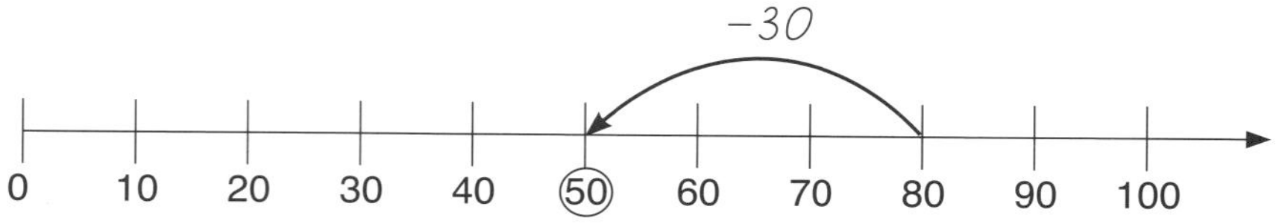

9	−	6	=	

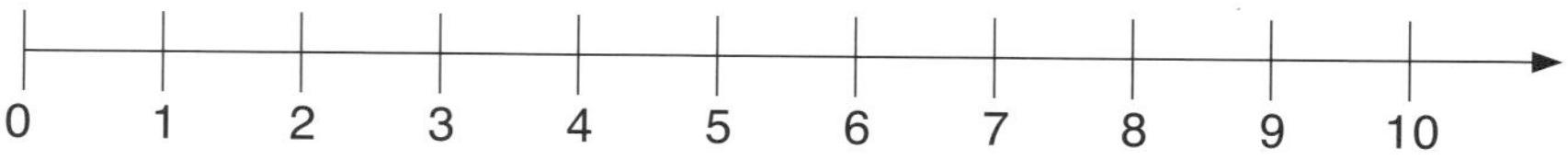

90	−	60	=	

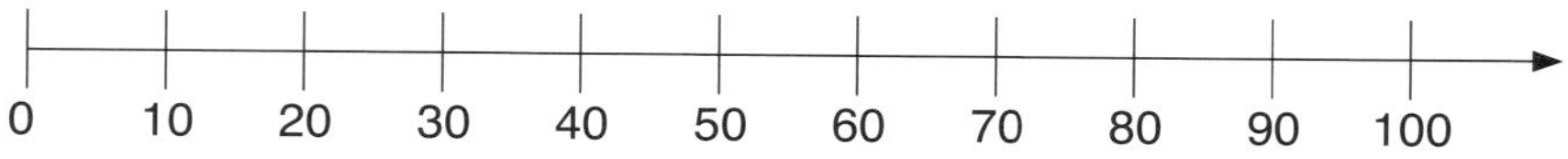

7	−	4	=	

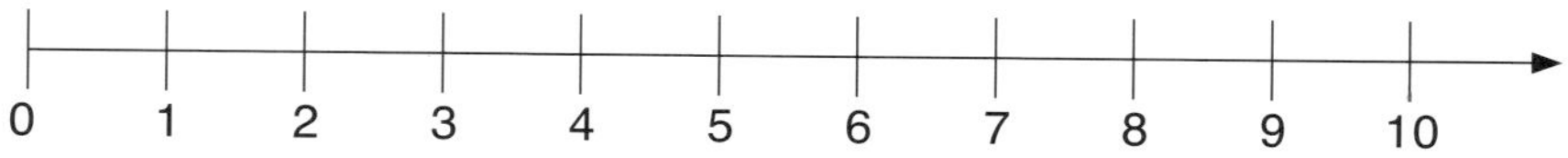

70	−	40	=	

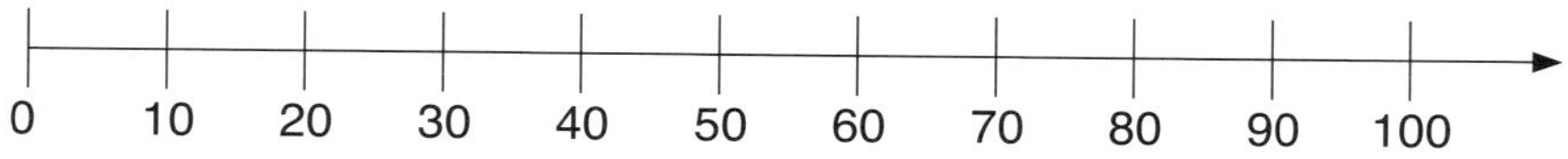

	−		=	

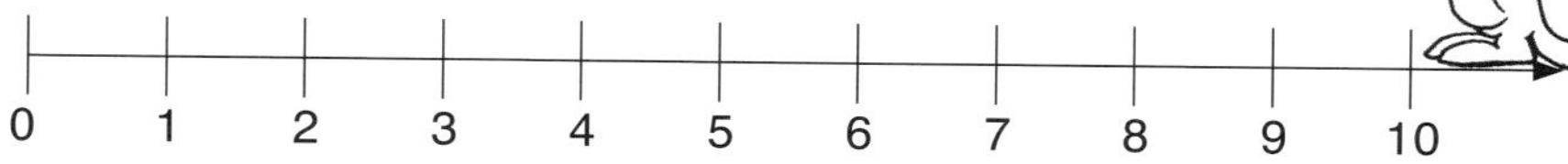

	−		=	

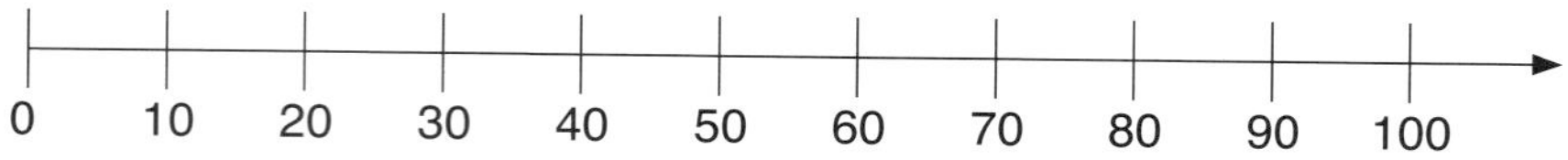

Name: Datum: 1

Wir rechnen bis 100

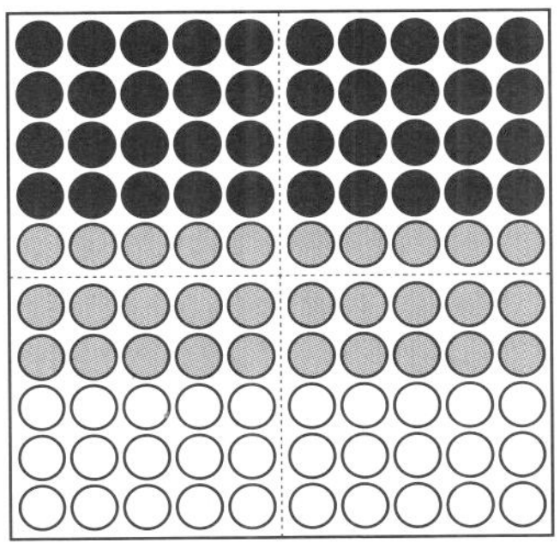

4 Zehner + 3 Zehner = ___ Zehner

40 + 30 = ___

① Rechne die Plus- und Minusaufgaben!

3Z + 5Z = ___ Z	9Z − 4Z = ___ Z	3Z + 6Z = ___ Z
30 + 50 = ___	90 − 40 = ___	30 + 60 = ___
4Z + 4Z = ___ Z	8Z − 3Z = ___ Z	10Z − 4Z = ___ Z
40 + 40 = ___	80 − 30 = ___	100 − 40 = ___
6Z + 2Z = ___ Z	7Z − 4Z = ___ Z	7Z + 3Z = ___ Z
60 + 20 = ___	70 − 40 = ___	70 + 30 = ___

50 + 40 = ___	100 − 50 = ___	20 + 50 = ___
30 + 20 = ___	90 − 30 = ___	40 + 30 = ___
60 + 30 = ___	70 − 20 = ___	80 + 20 = ___
40 + 60 = ___	100 − 80 = ___	50 + 10 = ___
90 + 10 = ___	60 − 40 = ___	90 − 20 = ___
30 + 50 = ___	90 − 60 = ___	60 − 50 = ___

② Finde eigene Plus- und Minusaufgaben mit Zehnerzahlen!

___	○	___	=	___
___	○	___	=	___
___	○	___	=	___
___	○	___	=	___
___	○	___	=	___
___	○	___	=	___
___	○	___	=	___
___	○	___	=	___
___	○	___	=	___
___	○	___	=	___

Mit Zehnern und Einern rechnen

6	+	3	=	
60	+	30	=	
30	+	60	=	
90	−	60	=	

① Finde 3 Aufgaben mit Zehnern!

4	+	3	=	
8	−	5	=	
2	+	8	=	

② Finde 3 Aufgaben mit Einern!

70	−	40	=	
70	+	30	=	
90	−	50	=	

③ Finde eigene Aufgaben mit Zehnern und Einern!

P. Schön/A. Pogoda Saam: Den Zahlenraum bis 100 aktiv entdecken

Name: Datum:

Zora Zehn sammelt immer 10 Eier

Zora Zehn legt die Eier jeden Tag in Zehnerschachteln.
Kreise immer 10 Eier ein! Wie viele Zehnerschachteln sind es? Trage ein!

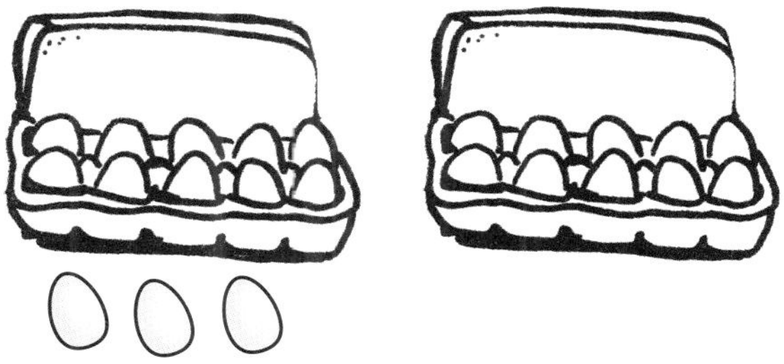

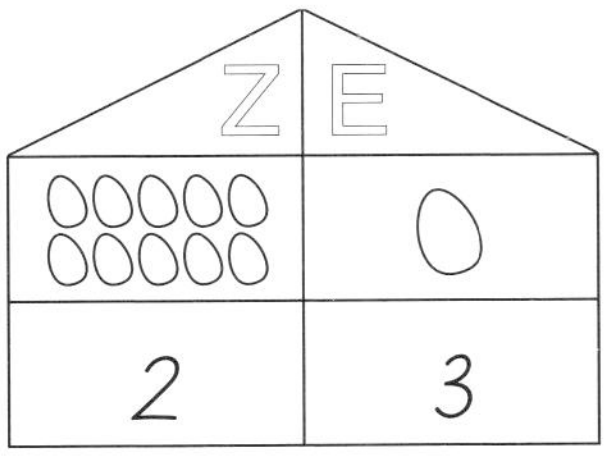

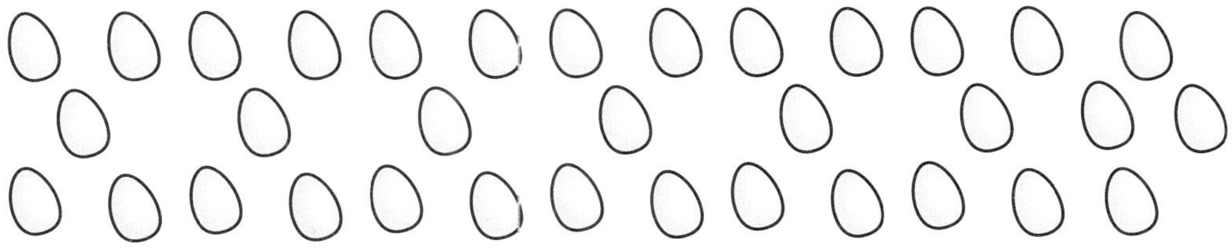

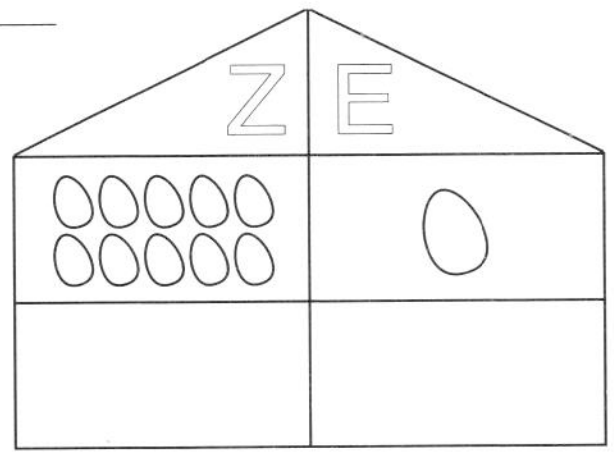

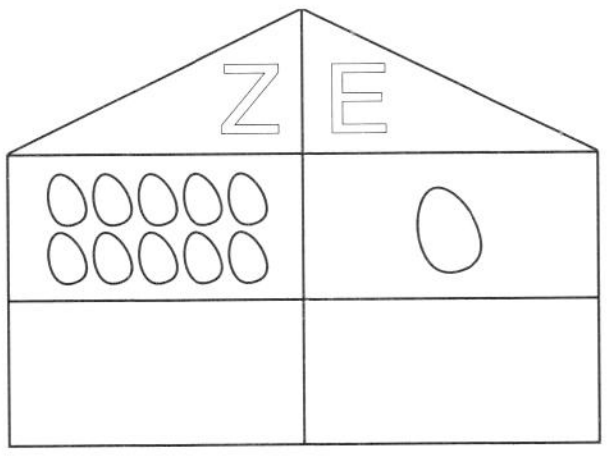

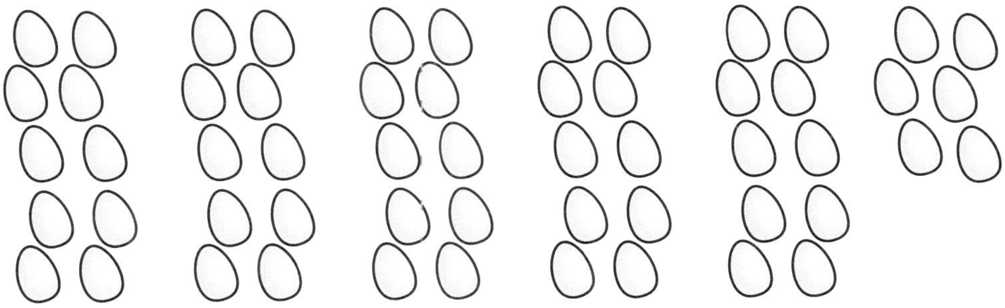

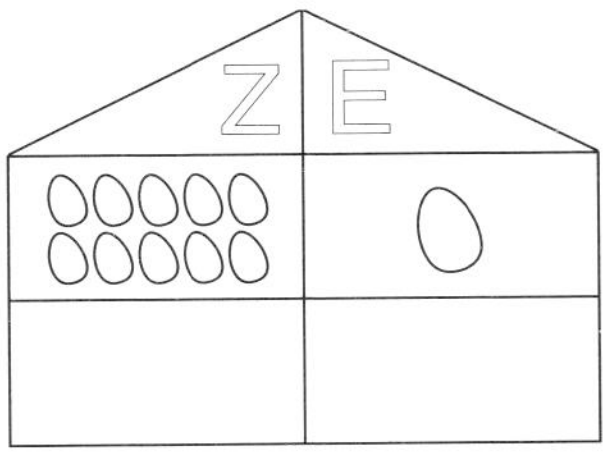

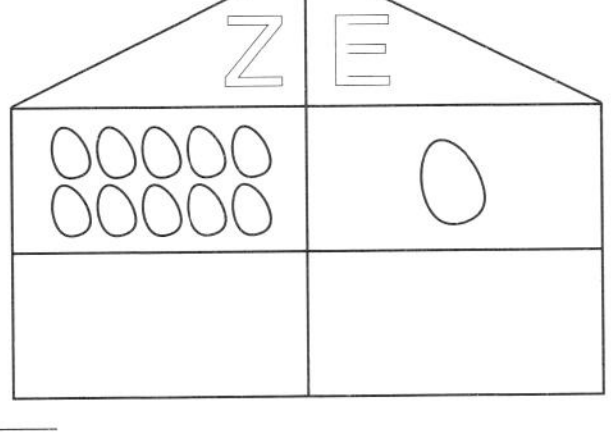

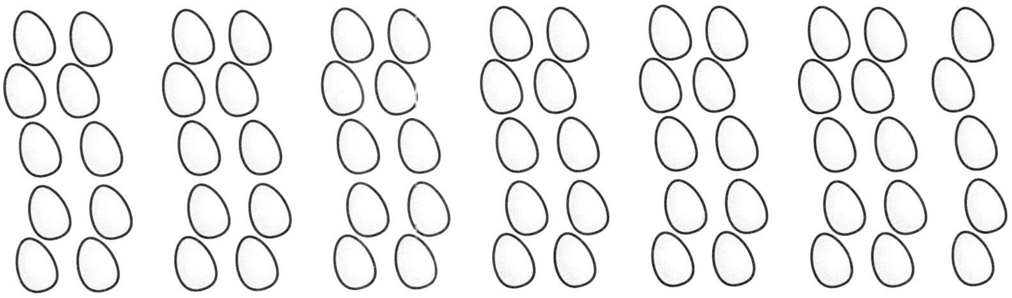

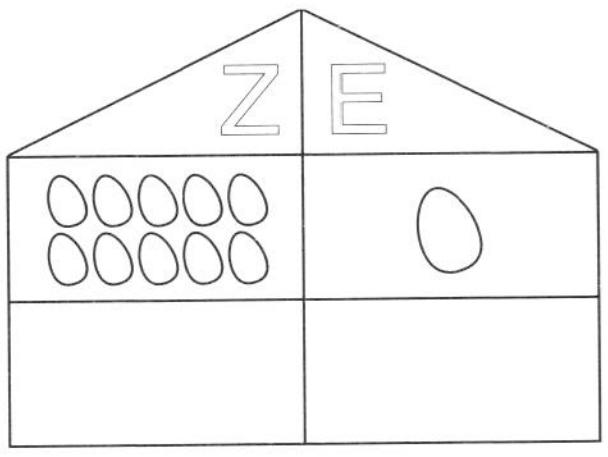

Name: Datum:

Zehner und Einer bis 100

① Wie viele Zehnerstangen und einzelne Würfel sind es? Trage ein!

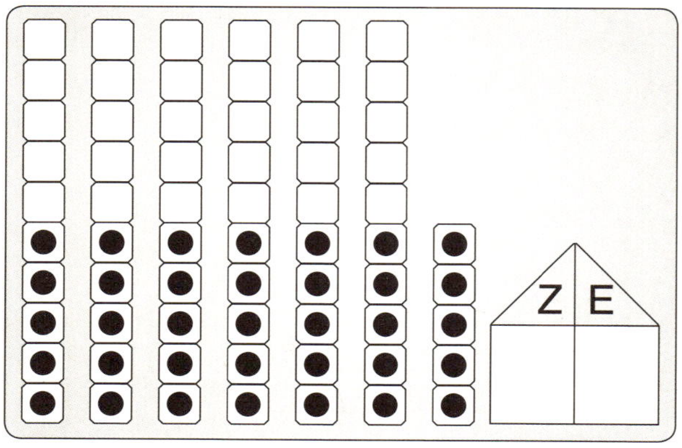

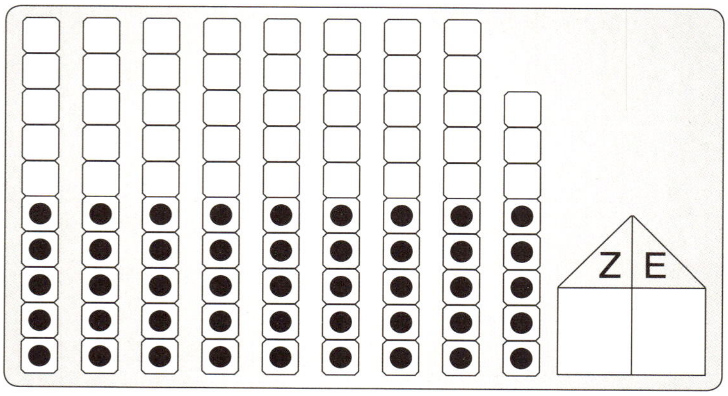

② Wie viele Zehner | und Einer • sind es? Trage ein!

Z	E
5	7

Z	E
3	1

Z	E
7	5

Z	E
4	2

③ Vier Karten gehören zusammen! Ergänze und trage richtig ein!

			Z	E
acht und sechzig	68		6	8
sieben und dreißig				
ein und fünfzig				
sechs und zwanzig				
vier und neunzig				
fünf und siebzig				

④ Male Zehner | und Einer •!

Z	E
4	7
5	3
6	0
9	1

P. Schön/A. Pogoda Saam: Den Zahlenraum bis 100 aktiv entdecken

Name: Datum:

Zehner und Einer im Hunderterfeld

① Wie viele Zehner und Einer sind es? Schreibe auf!

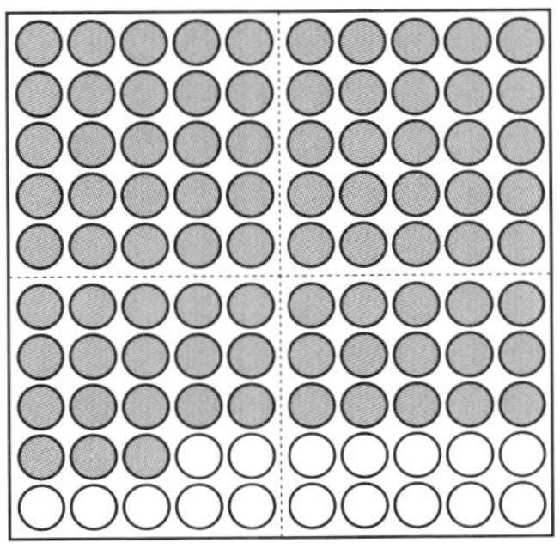

Z	E
8	3

80 + 3 =

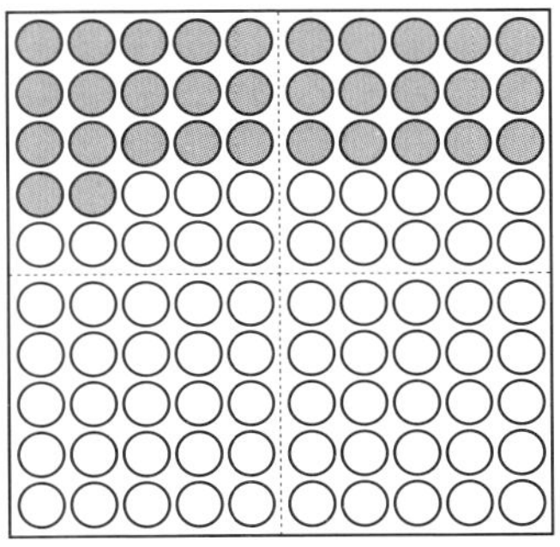

Z	E

\+ =

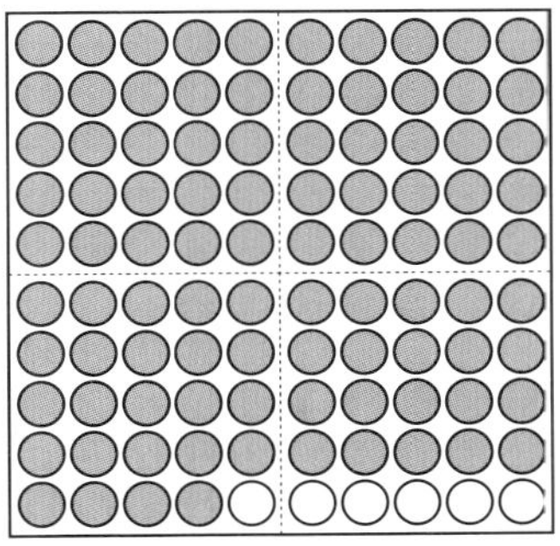

Z	E

\+ =

② Färbe im Hunderterfeld und schreibe die Plusaufgabe auf!

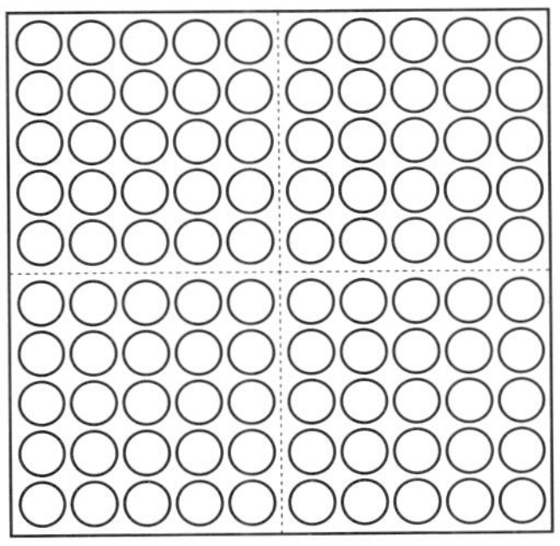

Z	E
3	8

\+ =

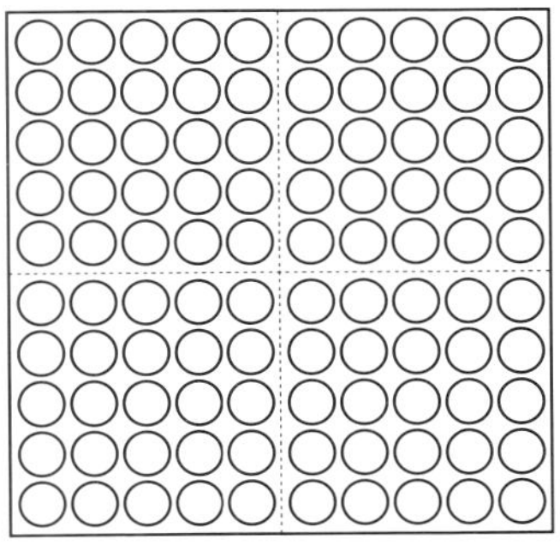

Z	E
9	1

\+ =

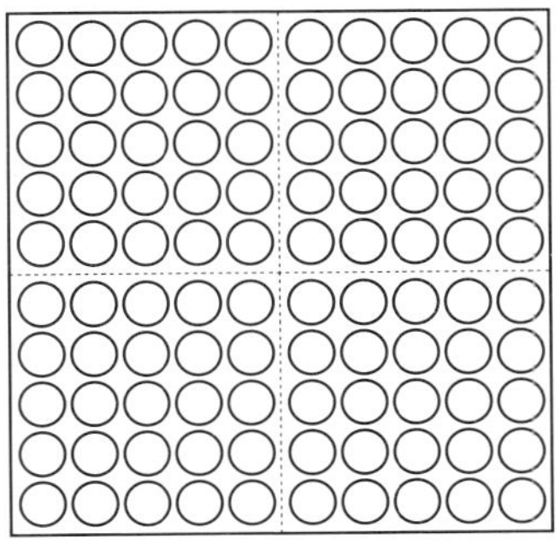

Z	E
2	6

\+ =

③ Wie heißen die Zahlen? Trage ein! Zehner = |, Einer = •

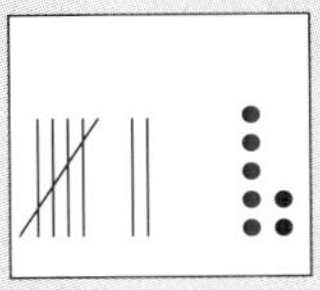

Z	E

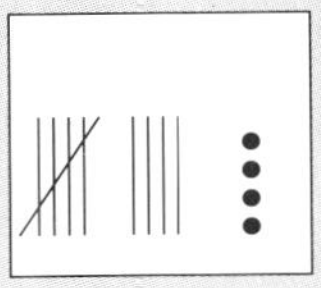

Z	E

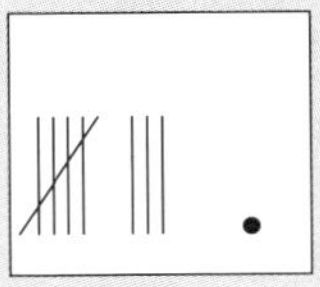

Z	E

④ Male Zehner | und Einer •!

Z	E
2	3

Z	E
4	8

Z	E
6	2

Z	E
3	9

Name: Datum:

Die Hundertertafel

① Zähle von 1 bis 100 und trage die Zahlen ein!

1									10
		13						19	
21									
	32								
									50
				55					
						67			
						77			
									90
								99	

② Schreibe zu den Zahlwörtern die Zahlen!

zweiundachtzig		fünfunddreißig		einhundert	
dreiundvierzig		sechsundsiebzig		fünfundfünfzig	
einundsechzig		vierundachtzig		einundneunzig	
neunundneunzig		neunundzwanzig		elf	

P. Schön/A. Pogoda Saam: Den Zahlenraum bis 100 aktiv entdecken

Name: Datum:

Die Hundertertafel

① Trage die fehlenden Zahlen ein!

1	2		4	5		7	8	9	
11		13		15	16		18		20
	22		24			27		29	
31		33		35			38		40
	42		44		46			49	50
51		53		55		57		59	
	62			65		67	68		70
71	72		74		76		78	79	
	82		84			87		89	90
91		93		95		97	98	99	100

② Male folgende Zahlen rot an:

1, 12, 23, 34, 45, 56, 67, 78, 89, 100

Was fällt dir auf? Erzähle!

③ Wie geht die Zahlenreihe weiter? Male die Zahlen grün an!

5, 10, 15, ____, ____, ____, ____, ____, ____, ____, ____, ____, ____,

____, ____, ____, ____, ____, ____, ____

④ Wie geht die Zahlenreihe weiter? Male die Zahlen gelb an!

2, 4, 6, 8, ____, ____, ____, ____, ____, ____, ____, ____, ____, ____,

____, ____, ________, ____, ____, ____, ____, ____, ____, ____, ____,

____, ____, ____, ____, ____, ____, ____, ____, ____, ____, ____,

____, ____, ____, ____, ____, ____, ____, ____, ____, ____, ____,

____, ____

Name: Datum: **2**

Zahlen finden

① Schreibe vier Zahlen zwischen 1 und 9 auf!

② Finde mit diesen Zahlen möglichst viele zweistellige Zahlen!

③ Male diese Zahlen in der 100er-Tafel an!

1	2	3	4	5	6	7	8	9	10
11	12	13	14	15	16	17	18	19	20
21	22	23	24	25	26	27	28	29	30
31	32	33	34	35	36	37	38	39	40
41	42	43	44	45	46	47	48	48	50
51	52	53	54	55	56	57	58	59	60
61	62	63	64	65	66	67	68	69	70
71	72	73	74	75	76	77	78	79	80
81	82	83	84	85	86	87	88	89	90
91	92	93	94	95	96	97	98	99	100

④ Ordne die Zahlen der Größe nach!

Name: Datum:

Die Hundertertafel

① Wie heißen die Nachbarzahlen? Trage die fehlenden Zahlen ein!

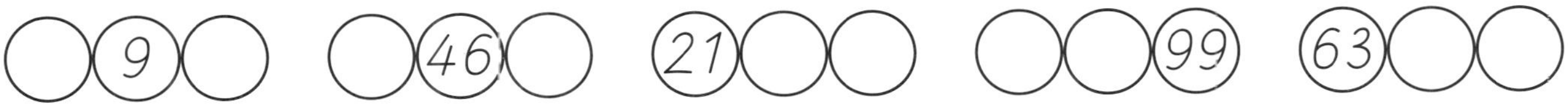

② Hier siehst du Ausschnitte aus der Hundertertafel. Trage die fehlenden Zahlen ein!

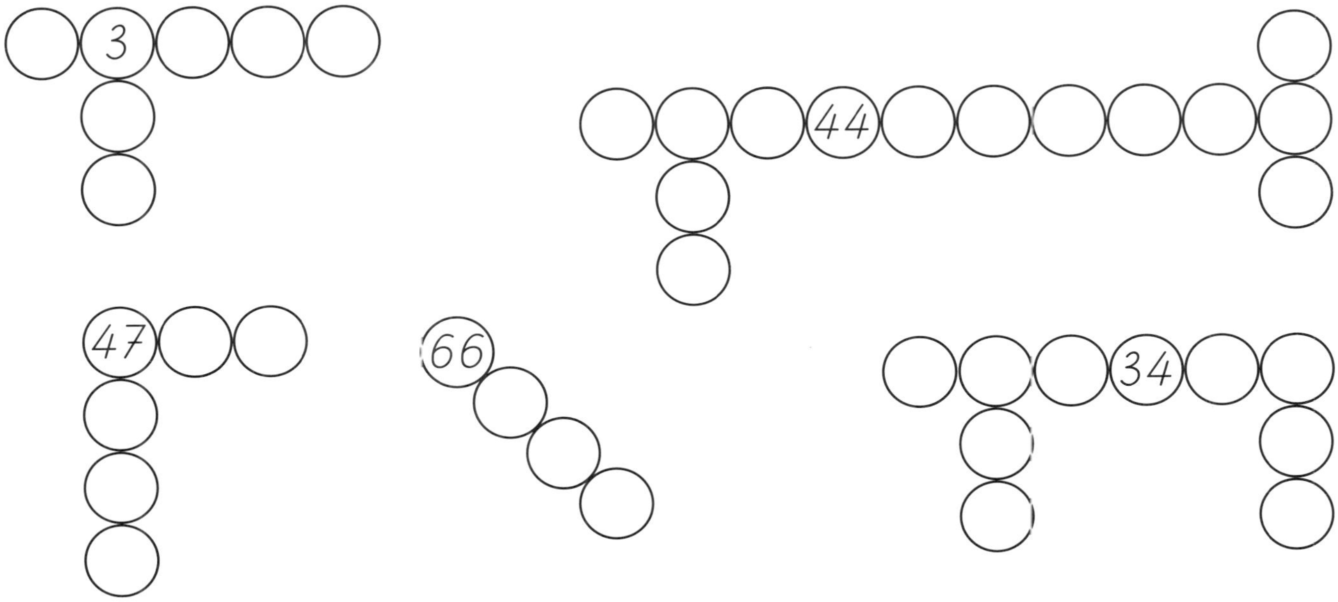

③ Welche Zahlen fehlen? Schreibe sie auf!

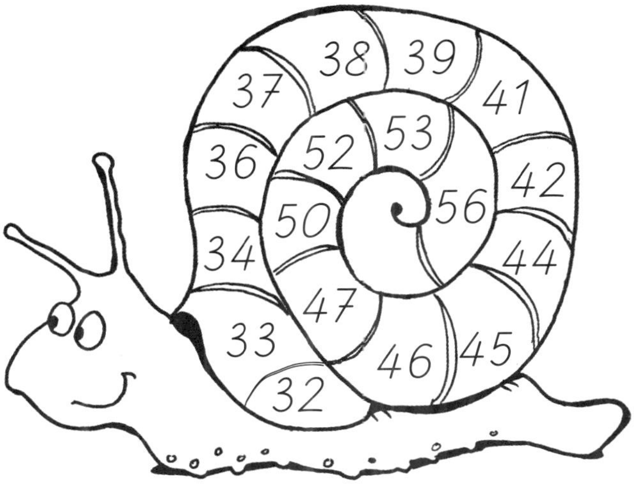

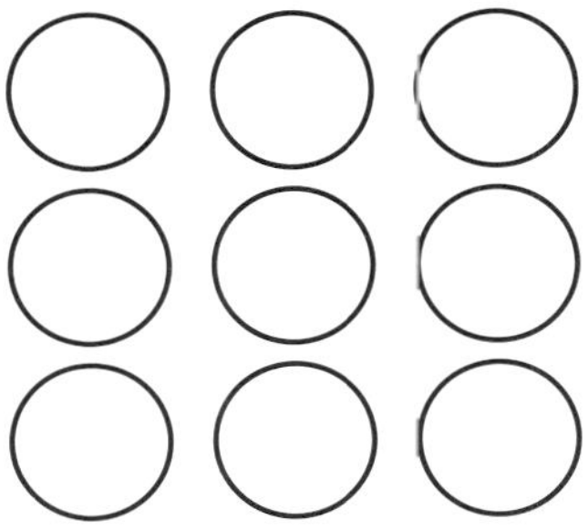

Name:

Datum:

Die Hunderterreihe

① Wie heißen die Nachbarzahlen?

	37			29		65					77
	45			48		91					80
	86			73		59					61

② Wie heißen die Nachbarzehner?

	73			92			64			88	
	54			84			19			28	
	62			37			57			41	

③ Wie geht die Zahlenreihe weiter?

30, 31, 32, ____, ____, ____, ____, ____, ____, ____, 40

90, 89, 88, ____, ____, ____, ____, ____, ____, ____, 80

5, 10, 15, ____, ____, ____, ____, ____, ____, ____, 55

65, 60, 55, ____, ____, ____, ____, ____, ____, ____, 15

32, 34, 36, ____, ____, ____, ____, ____, ____, ____, 52

Meine Zahl liegt zwischen 45 und 53!
Wie heißt die Zahl?
Schreibe alle möglichen Zahlen auf!

____

____

Meine Zahl ist eine Zehnerzahl und liegt zwischen 75 und 82!
Wie heißt die Zahl? ______

Meine Zahl ist eine Fünferzahl und liegt zwischen 64 und 74!
Wie heißt die Zahl? ______

Die Hunderterreihe

① Wie heißen die Nachbarzahlen?

73 + 1 = ___
54 + 1 = ___

92 − 1 = ___
81 − 1 = ___

63 + 1 = ___
29 + 1 = ___

88 − 1 = ___
45 − 1 = ___

② Zurück und vor zur Zehnerzahl!

35 + 5 = 40
64 + ___ = 70

82 − ___ = 80
27 − ___ = 20

47 + ___ = 50
88 + ___ = 90

54 − ___ = 50
68 − ___ = 60

③ Zeige die Zahl und zähle in Fünferschritten weiter!

25, 30, 35, ___, ___, ___, ___, ___, ___, ___, 75

80, 75, 70, ___, ___, ___, ___, ___, ___, ___, 30

6, 11, 16, ___, ___, ___, ___, ___, ___, ___, 56

47, 52, 57, ___, ___, ___, ___, ___, ___, ___, 97

24, 29, 34, ___, ___, ___, ___, ___, ___, ___, 74

Meine Zahl ist eine Fünferzahl und liegt zwischen 84 und 94!
Wie heißt die Zahl? ____

④ Setze ein: < = >

89 ◯ 68	60 ◯ 59	33 ◯ 33	92 ◯ 29	68 ◯ 68
26 ◯ 27	45 ◯ 54	76 ◯ 75	81 ◯ 82	54 ◯ 48

Name: Datum:

Der Zahlenstrahl bis 100

① Hier siehst du Ausschnitte aus dem Zahlenstrahl. Wie heißen die Zahlen?

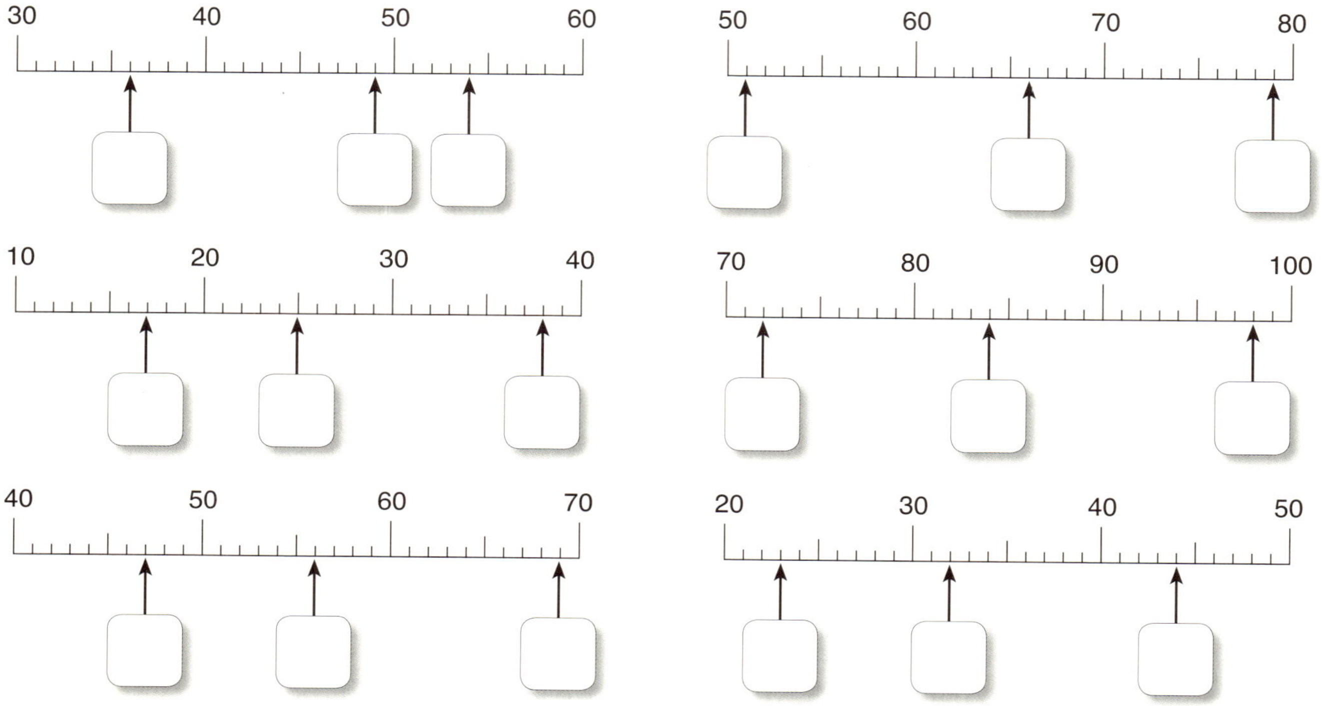

② Ordne die Zahlen aus Aufgabe 1 der Größe nach! Beginne mit der kleinsten Zahl!

③ Male und setze die Zahlenreihe in Zehnerschritten fort!

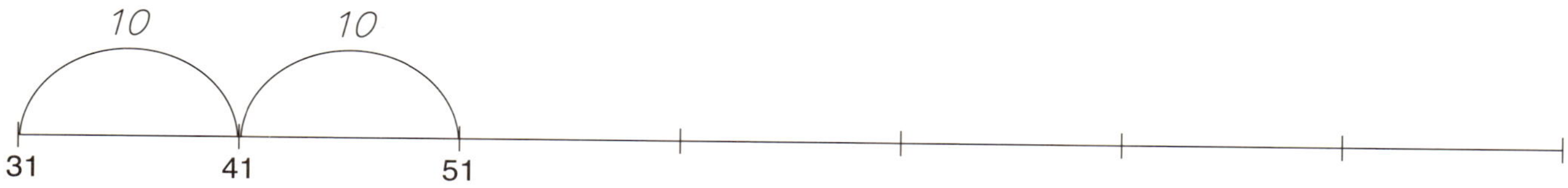

④ Finde eine eigene Zahlenreihe in Zehnerschritten!

P. Schön/A. Pogoda Saam: Den Zahlenraum bis 100 aktiv entdecken

Name: Datum:

Wir zerlegen in Zehner und Einer

① Wie heißt die Zahl?

Z	E
4	7

47 = 40 + 7

Z	E

 = +

② Zerlege! Male und schreibe auf.

20 + 6 =	50 + 3 =	40 + 9 =	10 + 8 =
80 + 2 =	30 + 5 =	60 + 1 =	70 + 7 =

③ Zerlege in Zehner und Einer!

57 = 50 + 7	94 = +	48 = +
69 = +	72 = +	27 = +
76 = +	60 = +	83 = +

④ Zerlege eigene Aufgaben in Zehner und Einer!

= +	= +	= +
= +	= +	= +
= +	= +	= +

Wir vergleichen Zahlen bis 100

32 < 33 ⊗

Name: ________ Name: ________

Punkte:

Wer hat gewonnen? ☺

Punkte:

Spielregel: Jeder Spieler schreibt seinen Namen auf. Dann wird abwechselnd mit 2 Würfeln gewürfelt. Aus den zwei Würfelzahlen wird eine zweistellige Zahl gebildet und aufgeschrieben. Dann werden die Zahlen miteinander verglichen. Wer die größere Zahl hat, bekommt einen Punkt (ankreuzen)! Ist die Zahl gleich groß, erhalten beide Spieler einen Punkt. Am Ende werden die Punkte (Kreuze) gezählt und aufgeschrieben. Wer die meisten Punkte hat, hat gewonnen.

Name: Datum:

Wir ergänzen zum nächsten Zehner

46	+		=	50

① Wie viele Kisten gehören noch in die Reihe?

65	+		=	70	72	+		=	80	48	+		=	50
26	+		=	30	82	+		=	90	31	+		=	40
53	+		=	60	34	+		=	40	89	+		=	90
36	+		=	40	47	+		=	50	75	+		=	80

② Wie heißt der nächste Zehner? Ergänze und rechne!

16 + →		33 + →		35 + →	
26 + →		43 + →		27 + →	
36 + →		53 + →		51 + →	
46 + →		63 + →		78 + →	

③ Finde eigene Ergänzungsaufgaben zum nächsten Zehner!

	+ →			+ →			+ →	
	+ →			+ →			+ →	
	+ →			+ →			+ →	
	+ →			+ →			+ →	

Name: Datum: **3**

Wir ergänzen bis 100

① Wie viele Kisten gehören noch in den Lastwagen?

37	+		=	100

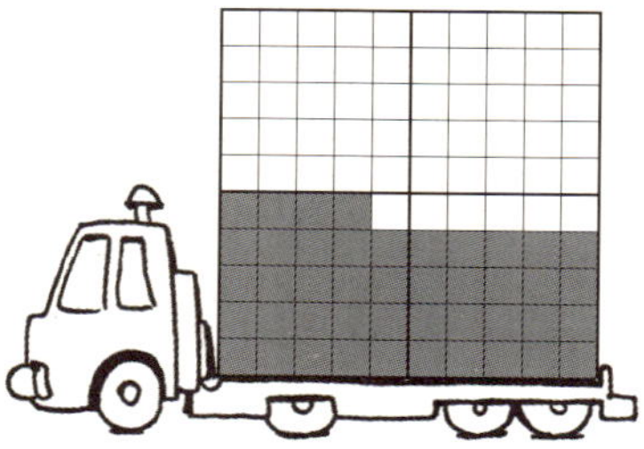

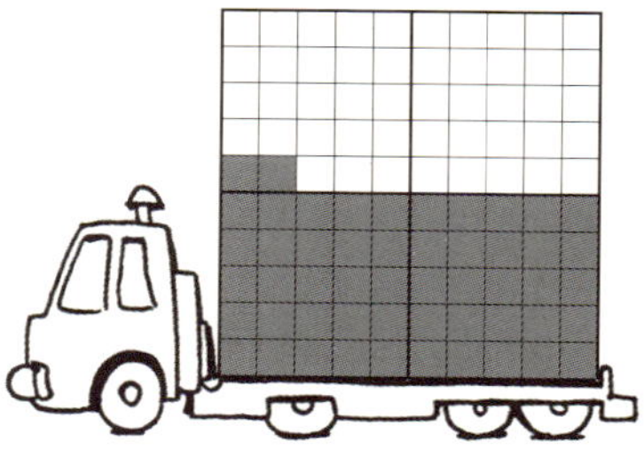

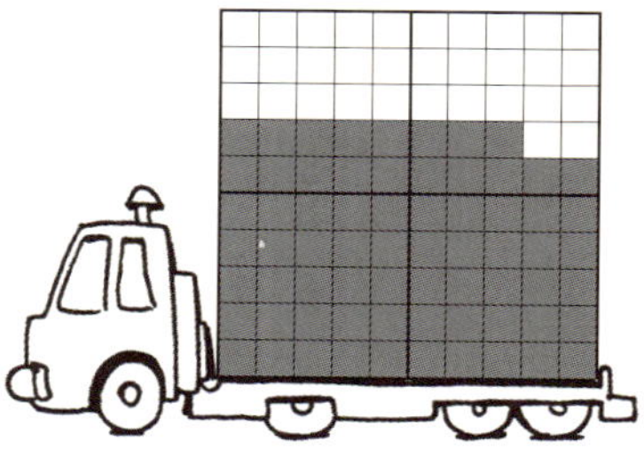

44	+		=	100	52	+		=	100	68	+		=	100

65	+		=	100	72	+		=	100	48	+		=	100
26	+		=	100	82	+		=	100	31	+		=	100
53	+		=	100	34	+		=	100	89	+		=	100
36	+		=	100	47	+		=	100	95	+		=	100

② Finde eigene Ergänzungsaufgaben bis 100! Male und rechne!

	+		=	100		+		=	100		+		=	100

P. Schön/A. Pogoda Saam: Den Zahlenraum bis 100 aktiv entdecken

Name: Datum:

Peter und Susi laden ein!

① Rechne!

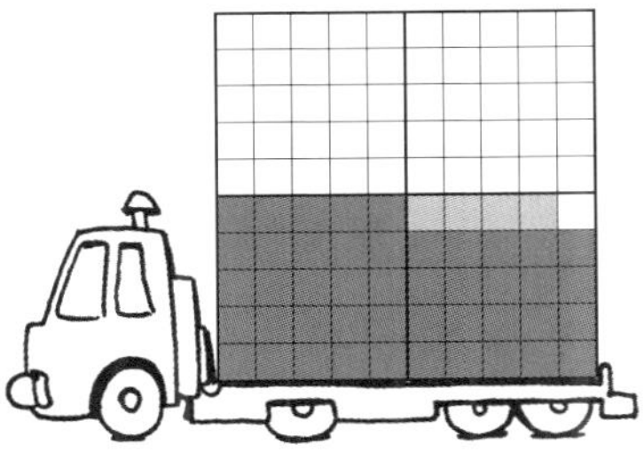

45 + 4 =

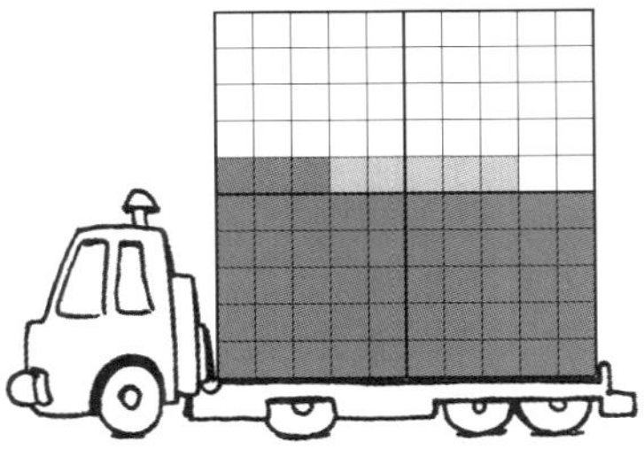

53 + 5 =

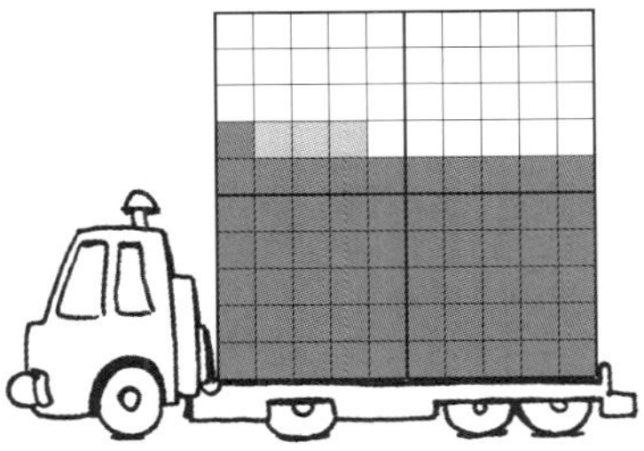

61 + 3 =

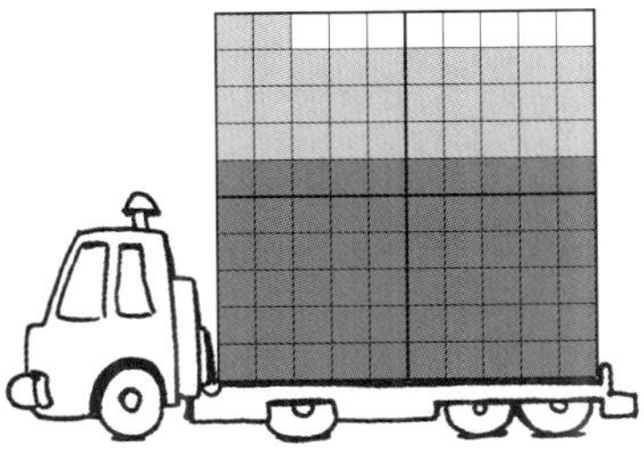

60 + 32 =

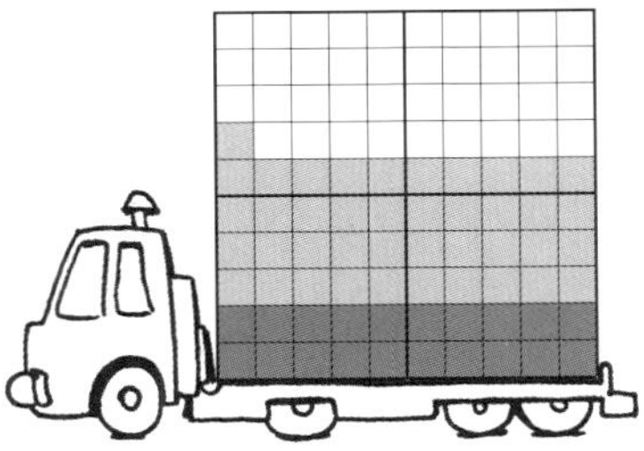

20 + 41 =

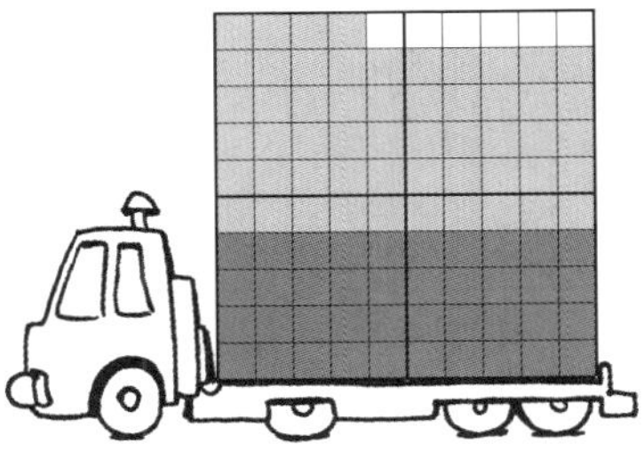

40 + 54 =

② Rechne und male!

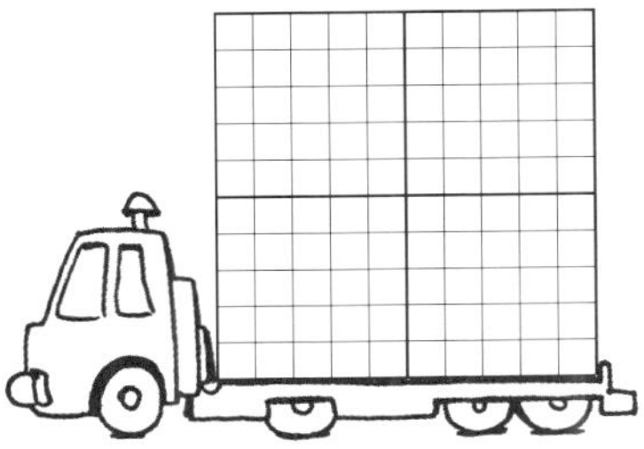

36 + 3 =

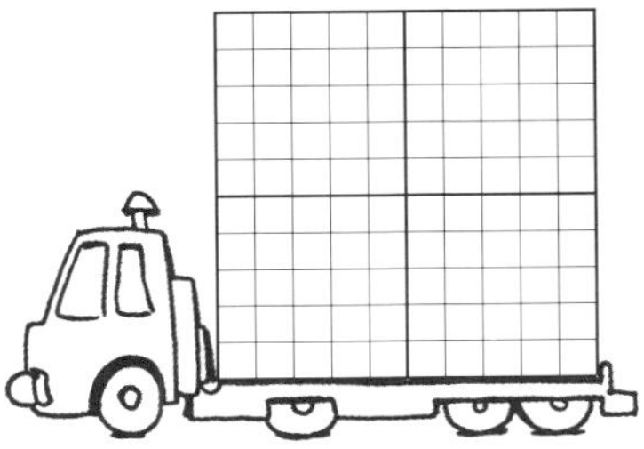

10 + 81 =

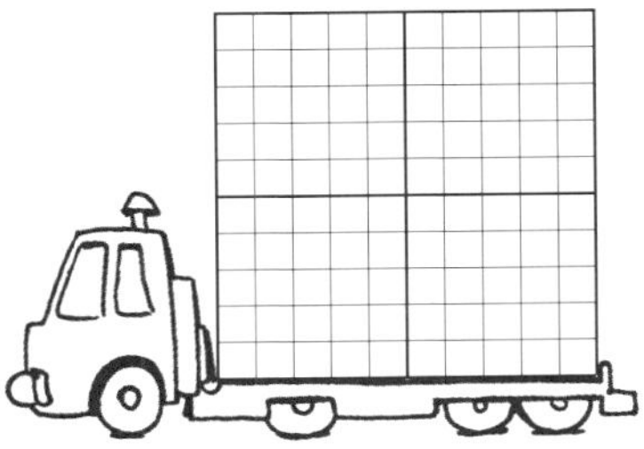

84 + 5 =

Name: Datum:

Peter und Susi laden ein!

① Rechne!

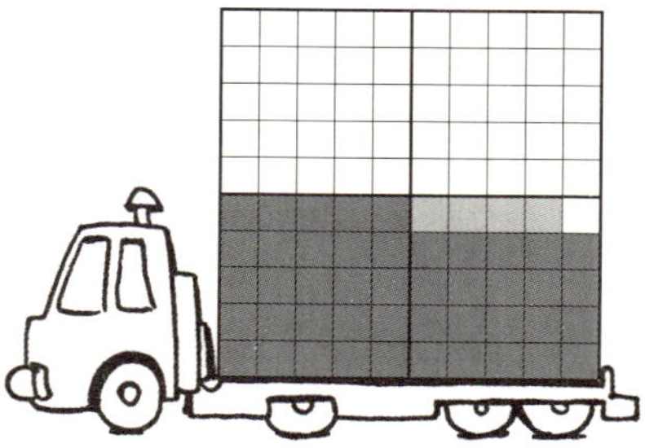

45 + 4 =

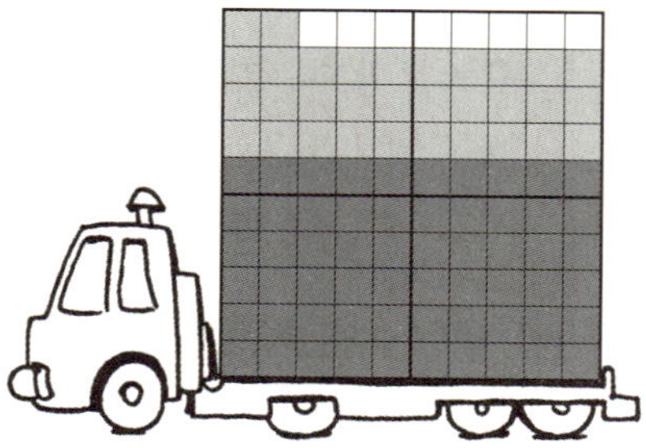

60 + 32 =

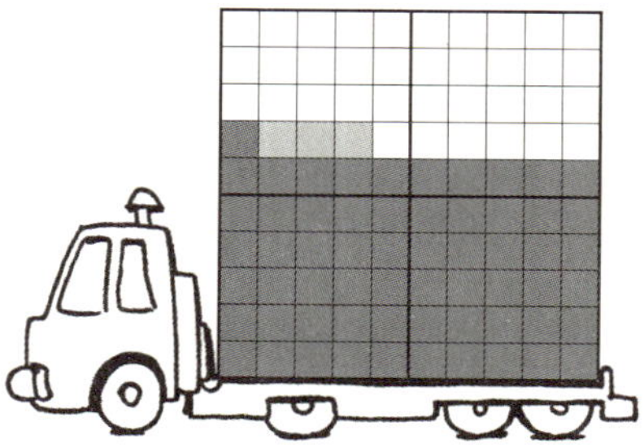

61 + 3 =

53 + 5 =	93 + 5 =	44 + 2 =
76 + 3 =	61 + 8 =	71 + 7 =
42 + 8 =	62 + 7 =	78 + 2 =
34 + 40 =	56 + 30 =	62 + 20 =

② Rechne und male!

36 + 3 =

10 + 81 =

84 + 5 =

Peter und Susi laden aus!

① Rechne und streiche weg!

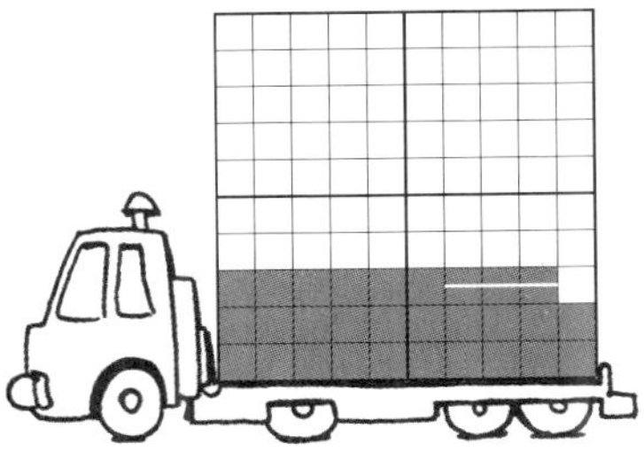

29 − 3 =

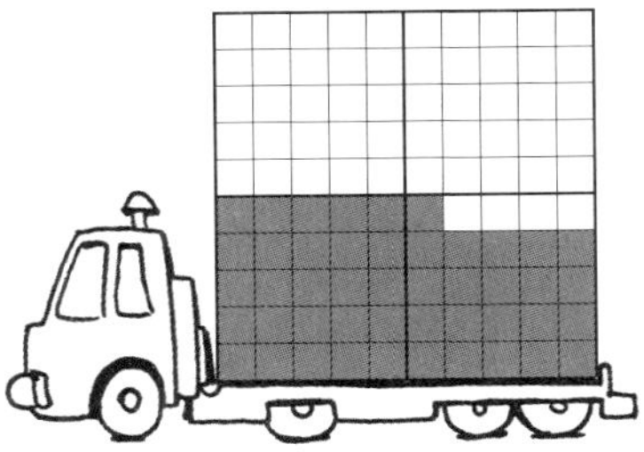

46 − 5 =

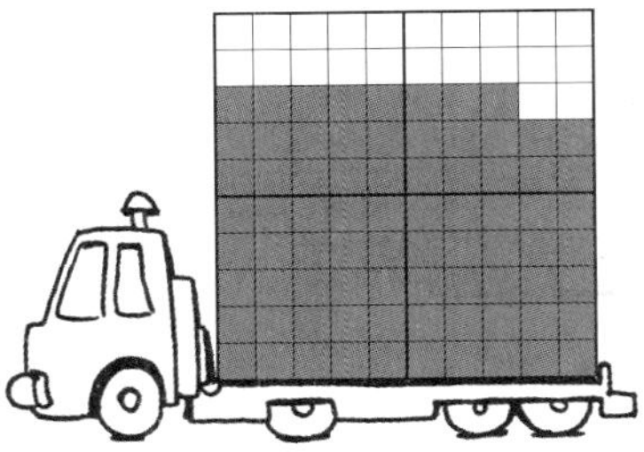

78 − 6 =

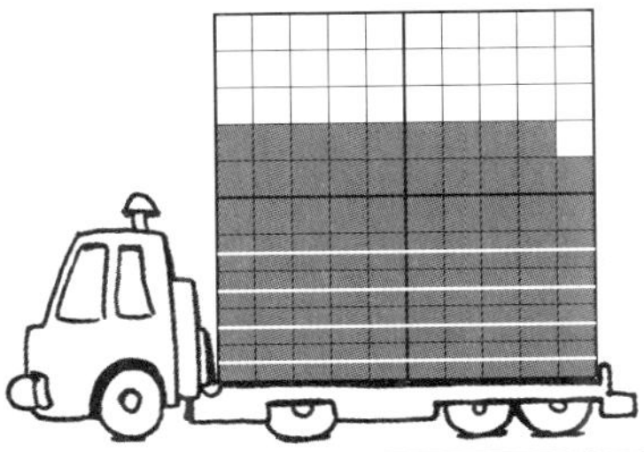

69 − 40 =

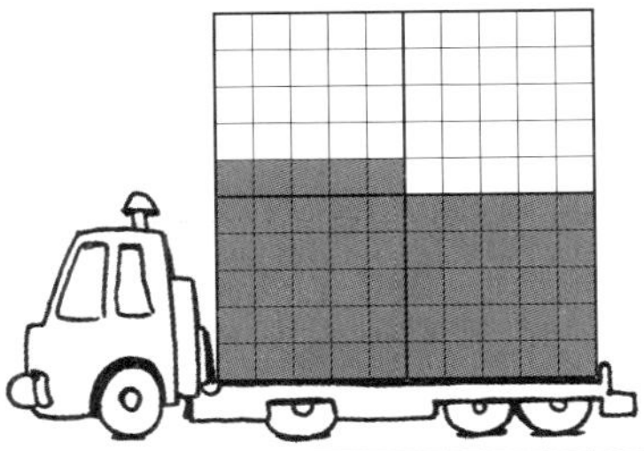

55 − 20 =

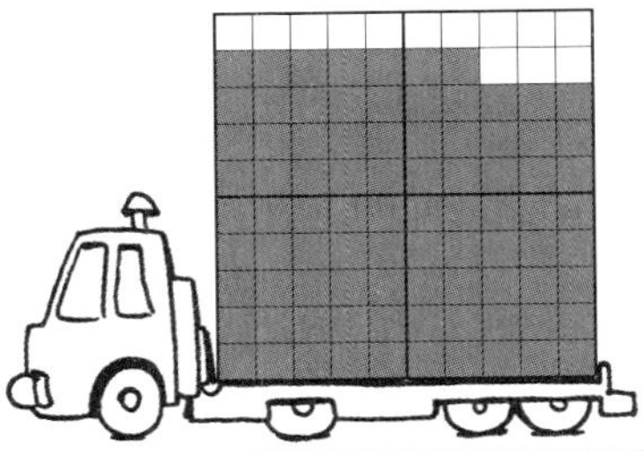

87 − 50 =

② Rechne und male!

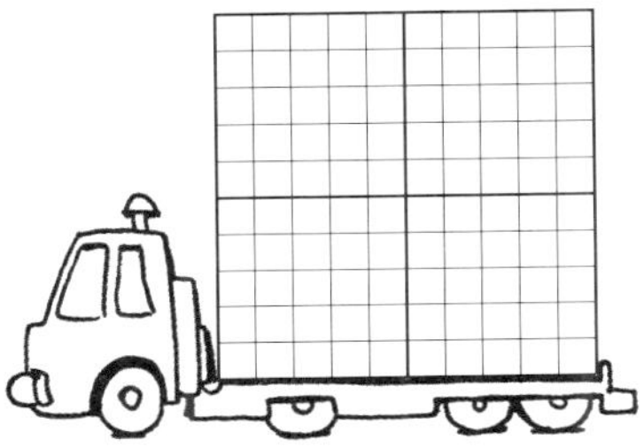

76 − 4 =

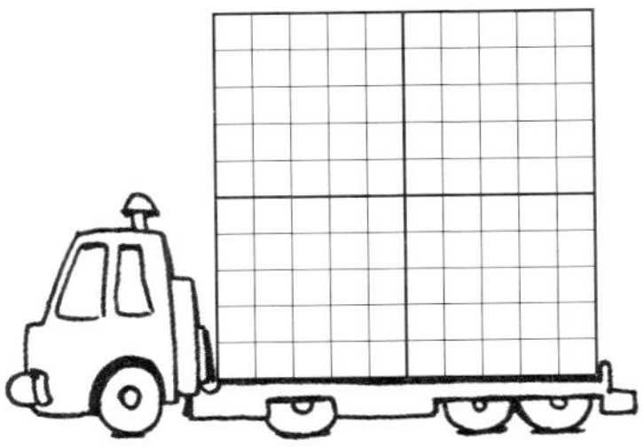

89 − 30 =

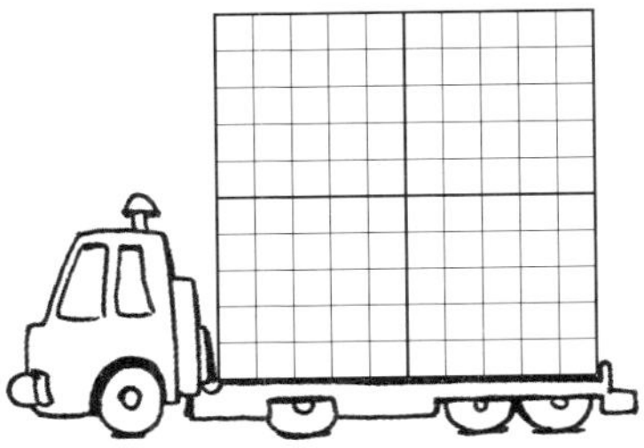

44 − 10 =

Name: Datum: 4

Peter und Susi laden aus!

① Rechne und streiche weg!

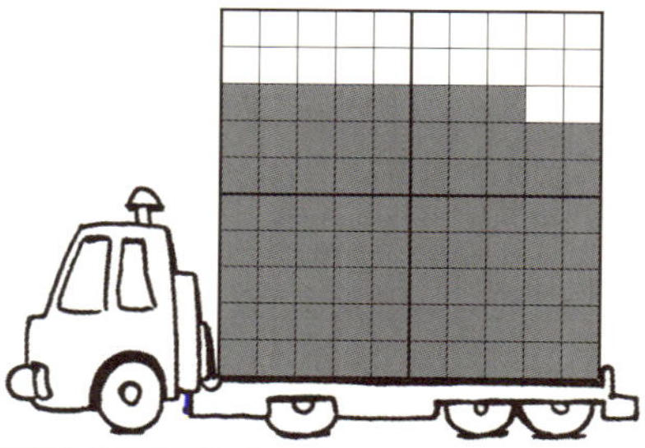

29 − 3 =	55 − 20 =	78 − 6 =
58 − 6 =	46 − 3 =	35 − 4 =
29 − 5 =	63 − 2 =	76 − 5 =
99 − 8 =	86 − 6 =	65 − 3 =
64 − 20 =	87 − 60 =	99 − 70 =
77 − 50 =	78 − 40 =	32 − 10 =
86 − 40 =	45 − 30 =	94 − 60 =

② Rechne und male!

76 − 4 =	89 − 30 =	44 − 10 =

P. Schön/A. Pogoda Saam: Den Zahlenraum bis 100 aktiv entdecken

Name: Datum:

Plus- und Minusaufgaben mit Einerzahlen

① Finde die Aufgabe mithilfe der Pfeile!

1	2	3	4	5	6	7	8	9	10
				←				19	20
		23					→		30
					36		→		40
←			44						50
	←					57			60
61	→								70
		←		75					80
	82					→			90
			←				98		100

61	+	2	=	
82	+	5	=	

② Wie heißt die Aufgabe? Rechne!

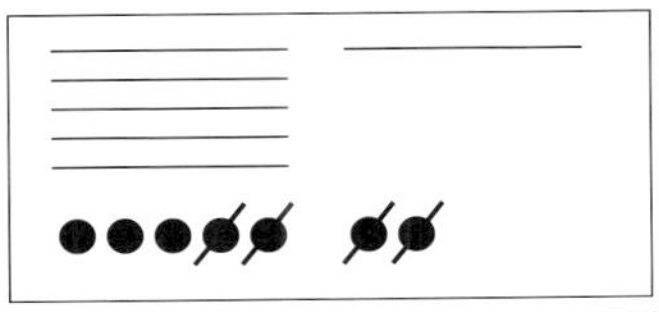

67 − 4 =

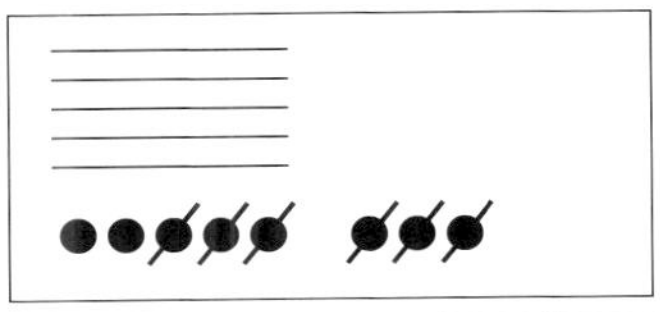

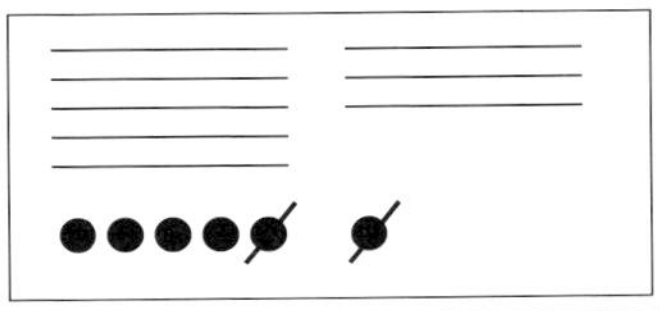

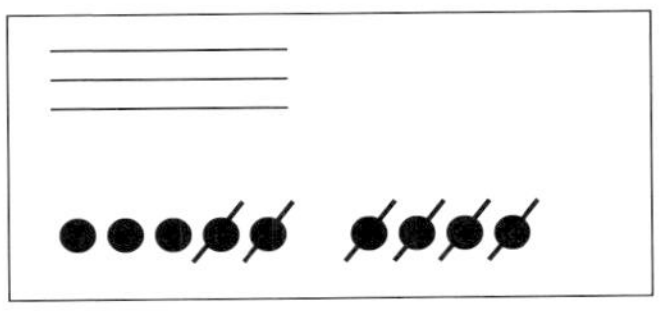

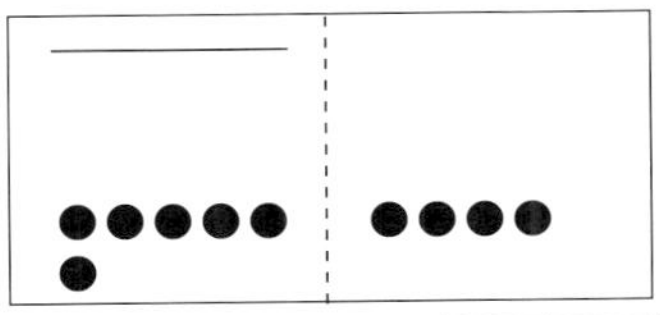

16 + 4 =

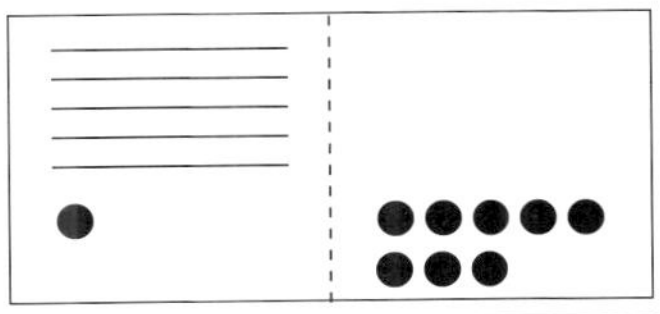

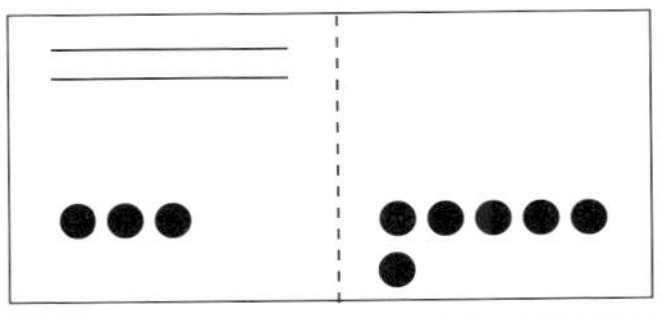

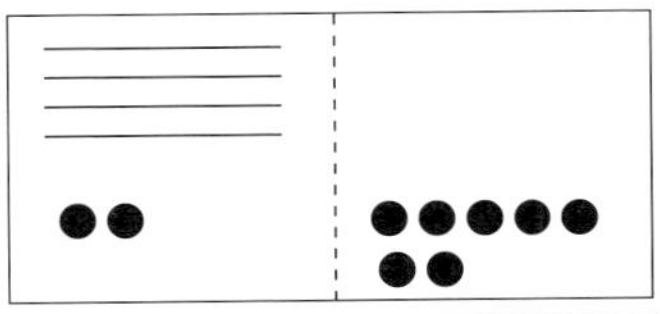

③ Zeichne die Aufgabe und rechne!

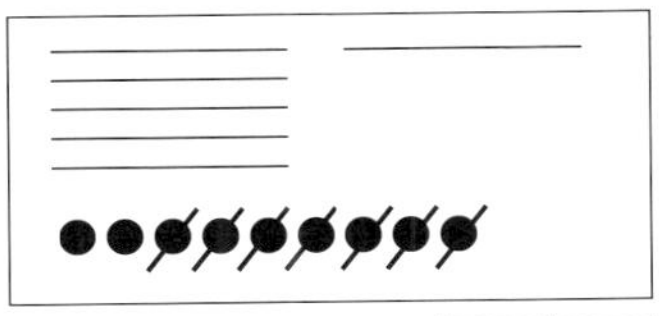

69 − 7 =

38 − 5 =

74 − 3 =

26 − 5 =

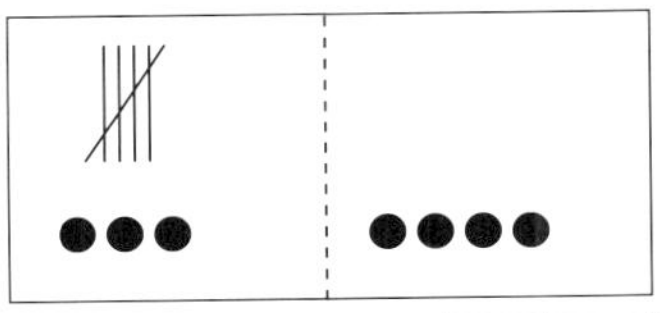

53 + 4 =

27 + 2 =

85 + 3 =

31 + 8 =

Name: Datum:

Plus- und Minusaufgaben mit Zehnerzahlen

① Finde die Aufgabe mithilfe der Pfeile!

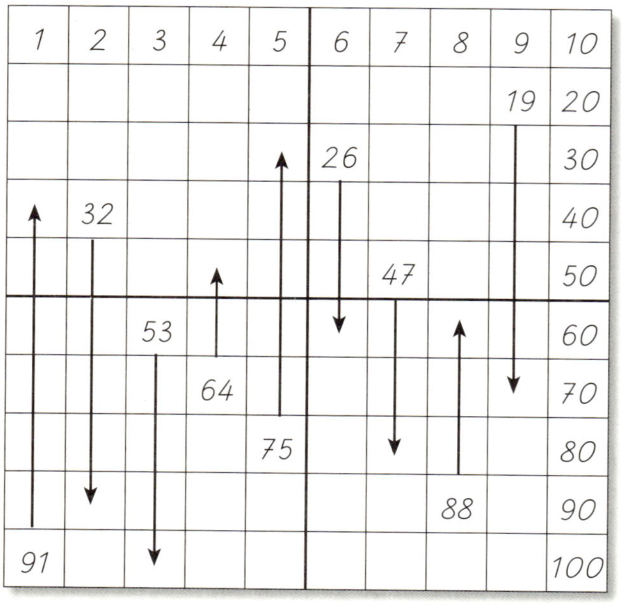

91	−	60	=	
32	+	50	=	

② Finde die Aufgabe und rechne!

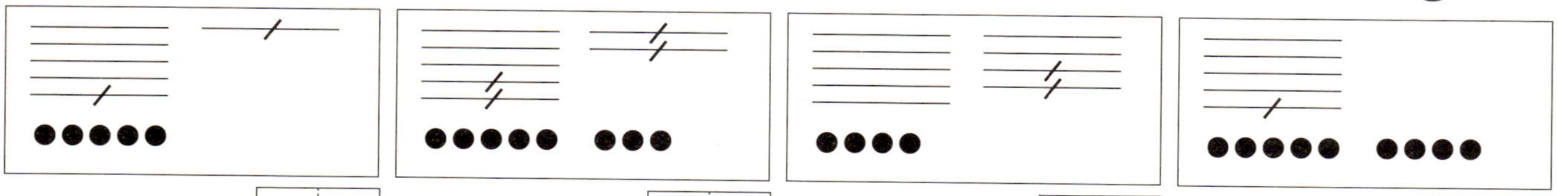

65 − 20 =

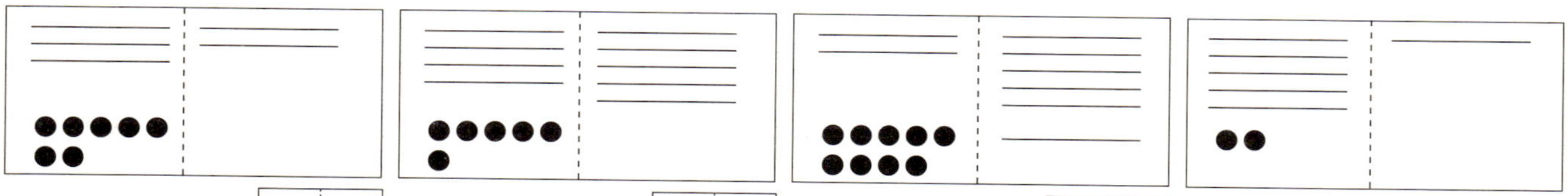

37 + 20 =

③ Zeichne die Aufgabe und rechne!

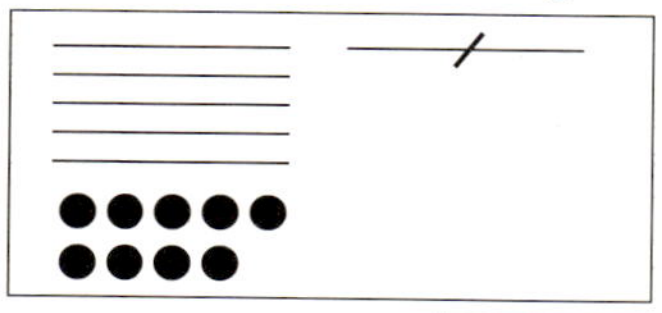

69 − 10 = 38 − 20 = 74 − 30 = 26 − 10 =

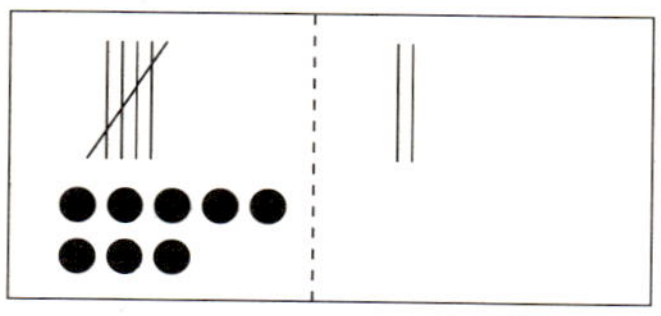

58 + 20 = 27 + 40 = 85 + 10 = 31 + 60 =

Name: Datum:

Wir rechnen mit Einern und Zehnern!

① Rechne! Fällt dir etwas auf?

35 + 4 =
35 + 40 =
35 + 44 =

62 + 3 =
62 + 30 =
62 + 33 =

53 + 1 =
53 + 10 =
53 + 11 =

27 + 2 =
27 + 20 =
27 + 22 =

84 + 1 =
84 + 10 =
84 + 11 =

46 + 3 =
46 + 30 =
46 + 33 =

② Welches Bild passt zu welcher Aufgabe? Verbinde!

47 + 2 =
47 + 20 =
47 + 22 =

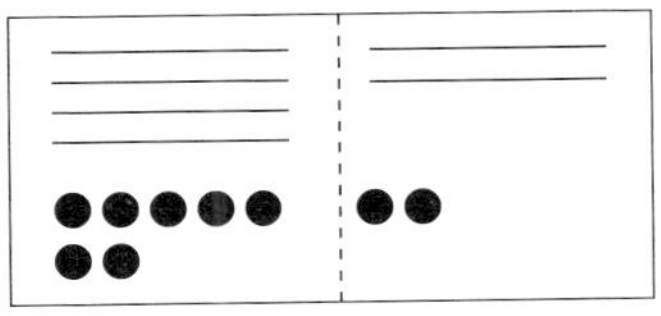

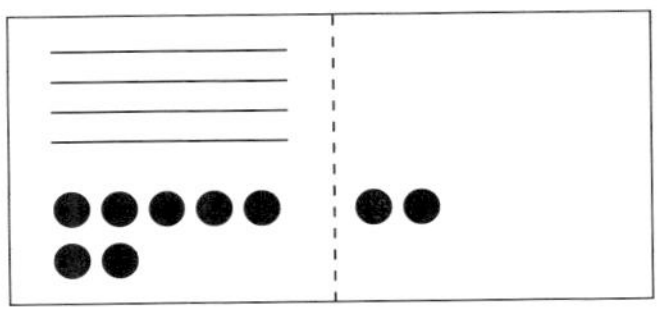

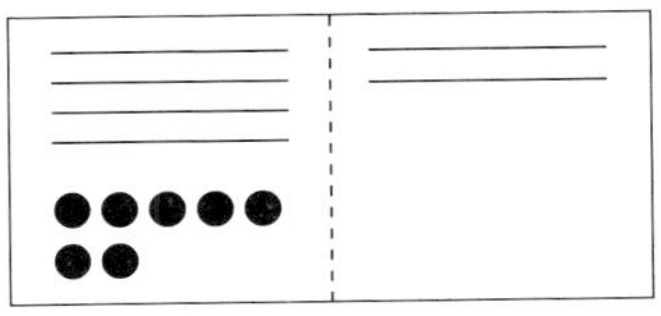

③ Zeichne zu der Aufgabe und rechne!

56 + 20 =

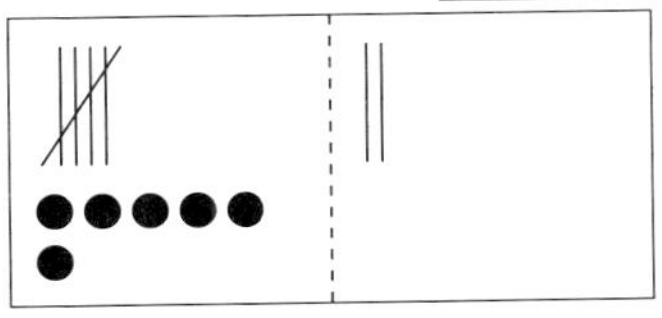

56 + 2 =

56 + 22 =

64 + 30 =

64 + 3 =

64 + 33 =

Name: Datum:

Wir rechnen mit Einern und Zehnern!

① Welches Bild passt zu welcher Aufgabe? Verbinde!

65 – 2 =	65 – 20 =	65 – 22 =

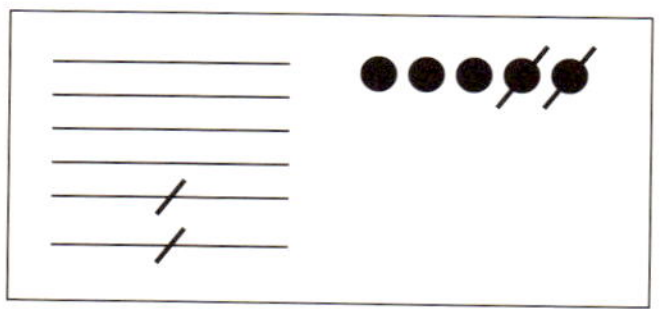
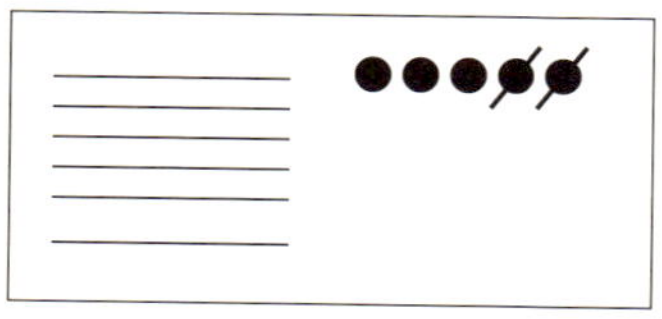
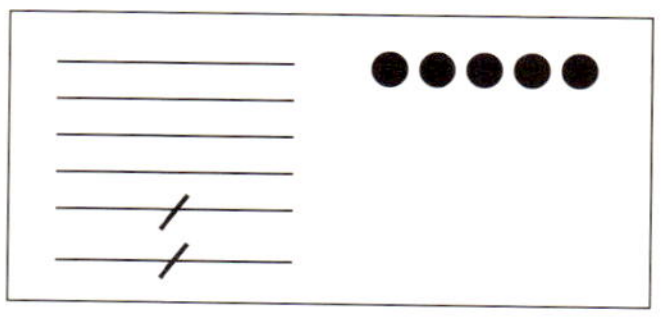

② Zeichne zu der Aufgabe und rechne!

86 – 40 =

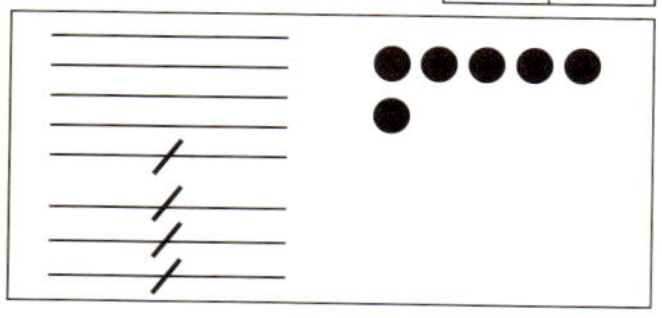

86 – 4 =

86 – 44 =

③ Rechne!

94 – 4 =	79 – 6 =	47 – 2 =
94 – 30 =	79 – 60 =	47 – 20 =
94 – 33 =	79 – 66 =	47 – 22 =

④ Wie geht die Aufgabenreihe weiter?

68 – 1 =	46 – 10 =	89 – 11 =
67 – 2 =	56 – 20 =	88 – 12 =

P. Schön/A. Pogoda Saam: Den Zahlenraum bis 100 aktiv entdecken

Name: Datum:

Plus- und Minusaufgaben mit großen Zahlen

① Wie heißt die Aufgabe? Rechne!

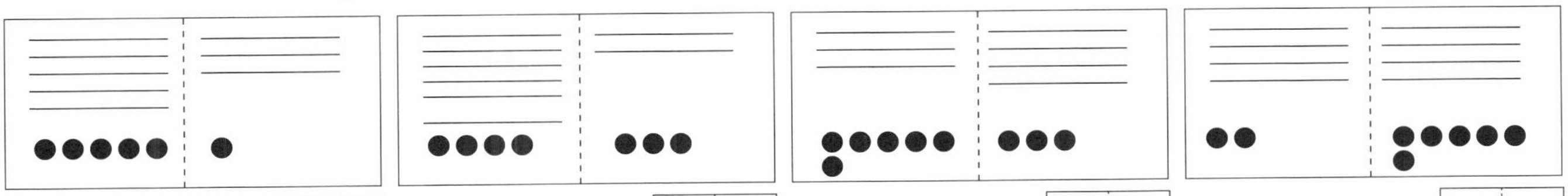

55 + 31 = ☐☐ ☐☐ ☐☐ ☐☐

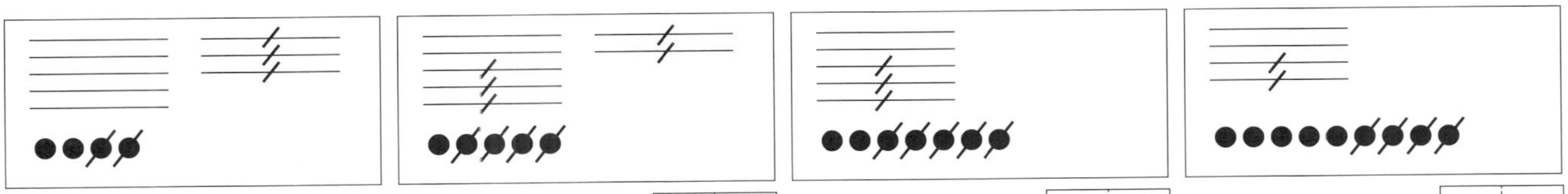

84 − 32 = ☐☐ ☐☐ ☐☐ ☐☐

② Zeichne zu der Aufgabe und rechne!

37 + 22 = ☐☐ 85 + 13 = ☐☐ 43 + 26 = ☐☐ 54 + 34 = ☐☐

49 − 17 = ☐☐ 38 − 26 = ☐☐ 64 − 32 = ☐☐ 56 − 12 = ☐☐

③ Wie geht die Aufgabenreihe weiter?

−	+	−
99 − 1 =	32 + 1 =	88 − 11 =
99 − 11 =	32 + 11 =	88 − 12 =
99 − 21 =	32 + 21 =	88 − 13 =

Name: Datum: 4

Plus- und Minusaufgaben mit großen Zahlen

① Wie heißt die Aufgabe? Rechne!

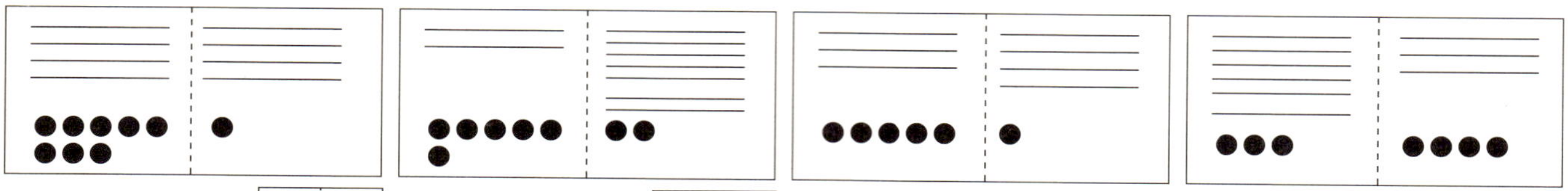

48 + 41 = ☐

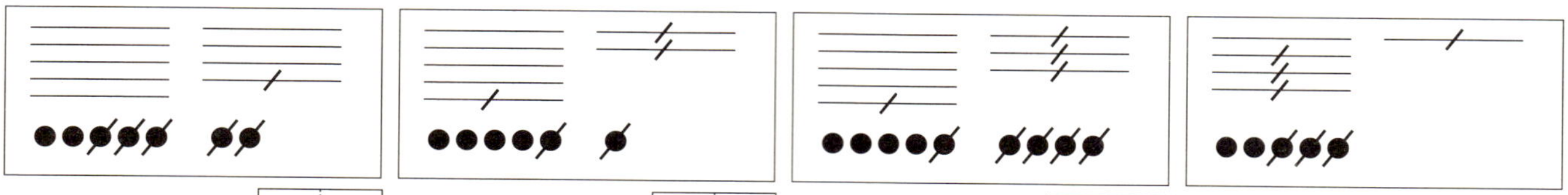

97 − 15 = ☐

② Rechne!

87 − 22 =	63 + 24 =	64 − 13 =
99 − 57 =	76 + 13 =	76 − 25 =
74 − 31 =	35 + 41 =	31 + 46 =
53 − 20 =	44 + 40 =	17 + 62 =

③ Wie geht die Aufgabenreihe weiter?

−	+	−
89 − 2 =	14 + 13 =	29 − 18 =
89 − 12 =	24 + 13 =	39 − 17 =
89 − 22 =	34 + 13 =	49 − 16 =

Name: Datum:

Verwandte Aufgaben

5 + 3 = 8 →	55 + 3 = 58
50 + 30 = 80 →	55 + 30 = 85

① Rechne aus und verbinde mit dem Lineal!

4 + 5 =	66 + 2 =	59 + 1 =	7 + 2 =
6 + 2 =	81 + 6 =	87 + 2 =	3 + 6 =
2 + 7 =	34 + 5 =	45 + 4 =	9 + 1 =
1 + 6 =	72 + 7 =	53 + 6 =	5 + 4 =

② Finde verwandte Aufgaben und rechne!

2 + 4 =	3 + 5 =	7 + 3 =	8 + 1 =
☐ + ☐ = ☐	☐ + ☐ = ☐	☐ + ☐ = ☐	☐ + ☐ = ☐
31 + 6 =	74 + 3 =	91 + 5 =	85 + 4 =
☐ + ☐ = ☐	☐ + ☐ = ☐	☐ + ☐ = ☐	☐ + ☐ = ☐

③ Wie geht die Aufgabenreihe weiter? Finde eine eigene Aufgabenreihe!

2 + 7 =	4 + 5 =	
12 + 7 =	14 + 5 =	
22 +	24 +	

Name: Datum:

Verwandte Aufgaben

9 − 4 = 5 →	99 − 4 = 95
90 − 40 = 50 →	99 − 40 = 59

① Rechne aus und verbinde mit dem Lineal!

8 − 5 =	67 − 6 =
7 − 6 =	29 − 3 =
4 − 2 =	48 − 5 =
9 − 3 =	54 − 2 =

58 − 6 =	7 − 4 =
37 − 4 =	5 − 2 =
94 − 3 =	8 − 6 =
85 − 2 =	4 − 3 =

② Finde verwandte Aufgaben und rechne!

9 − 7 = ☐ ☐ − ☐ = ☐

7 − 5 = ☐ ☐ − ☐ = ☐

8 − 6 = ☐ ☐ − ☐ = ☐

6 − 2 = ☐ ☐ − ☐ = ☐

89 − 6 = ☐ ☐ − ☐ = ☐

27 − 3 = ☐ ☐ − ☐ = ☐

65 − 5 = ☐ ☐ − ☐ = ☐

48 − 4 = ☐ ☐ − ☐ = ☐

③ Wie geht die Aufgabenreihe weiter? Finde eine eigene Aufgabenreihe!

9	−	7	=	
19	−	7	=	
29	−			

8	−	5	=	
18	−	5	=	
28	−			

Name: Datum:

Plusaufgaben am Zahlenstrahl

Male und rechne!

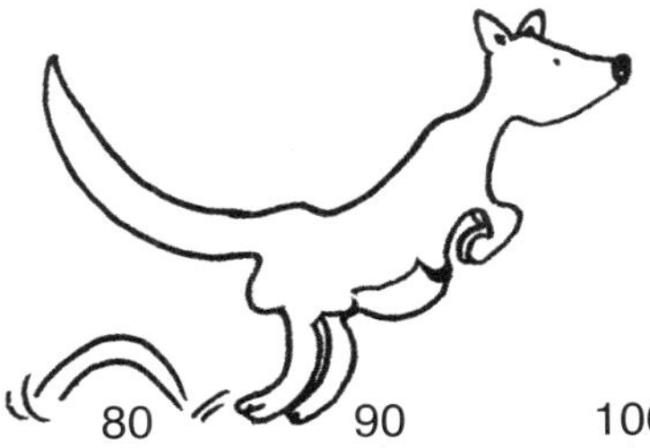

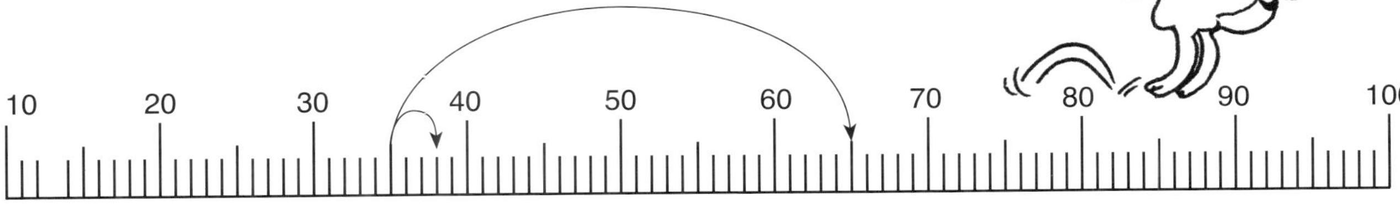

35 + 3 = ____   35 + 30 = ____

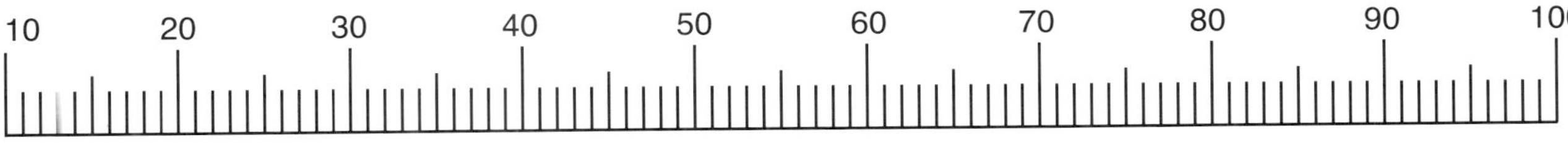

23 + 6 = ____   23 + 60 = ____

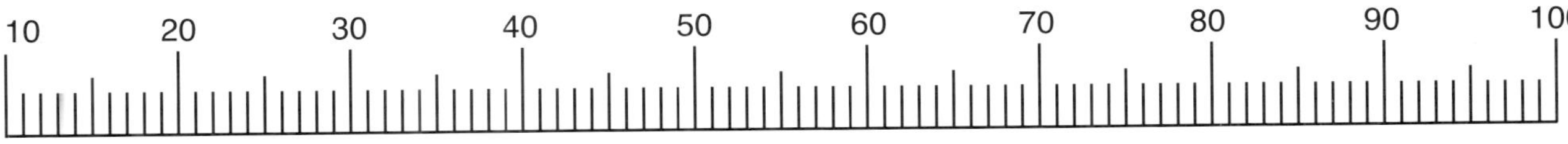

42 + 5 = ____   42 + 50 = ____

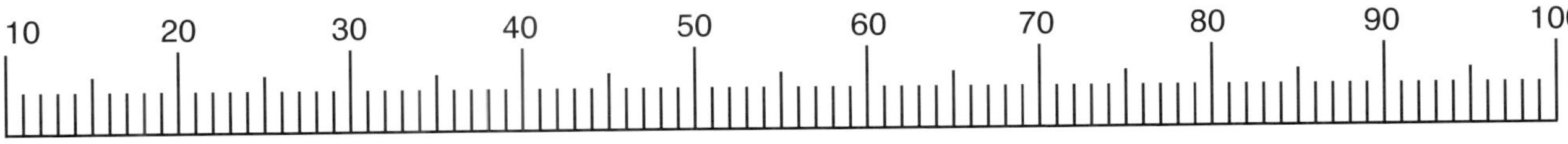

13 + 7 = ____   13 + 70 = ____

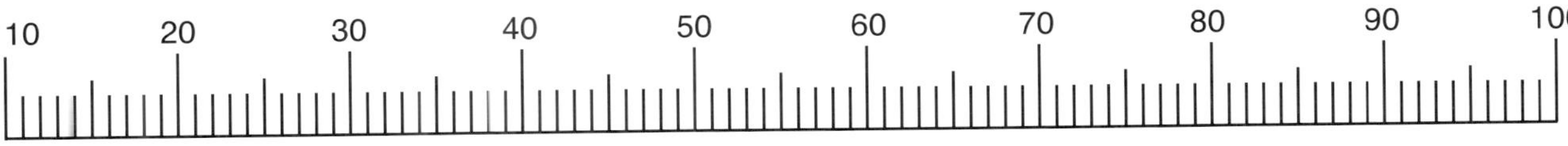

64 + 3 = ____   64 + 30 = ____

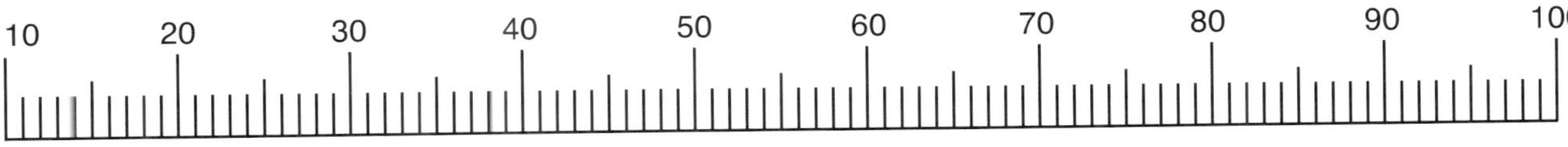

86 + 1 = ____   86 + 10 = ____

Name: Datum:

Minusaufgaben am Zahlenstrahl

Male und rechne!

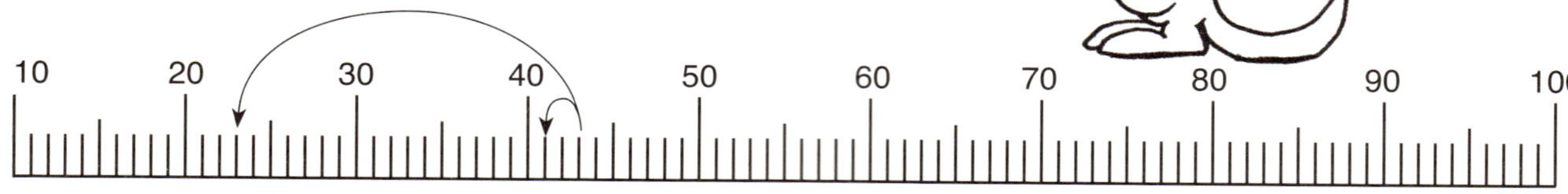

43 − 2 = 43 − 20 =

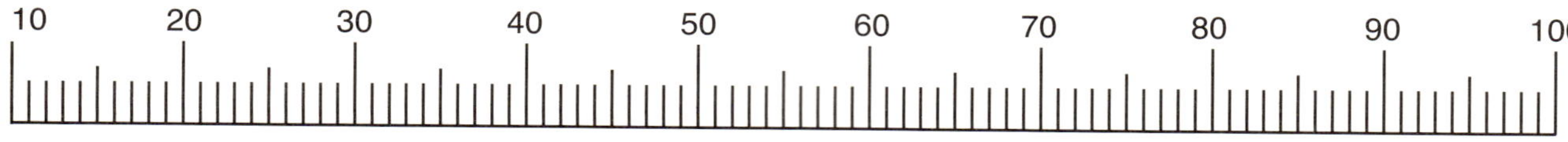

59 − 4 = 59 − 40 =

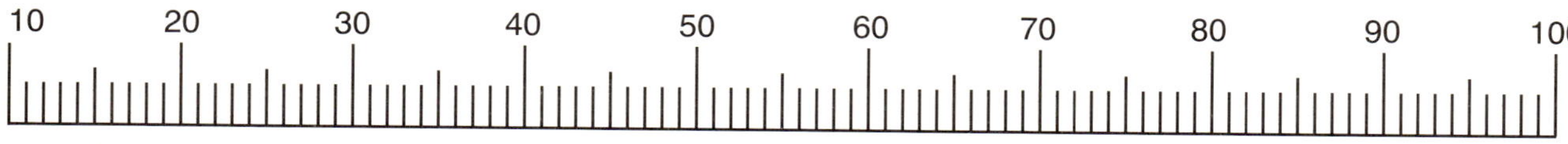

68 − 5 = 68 − 50 =

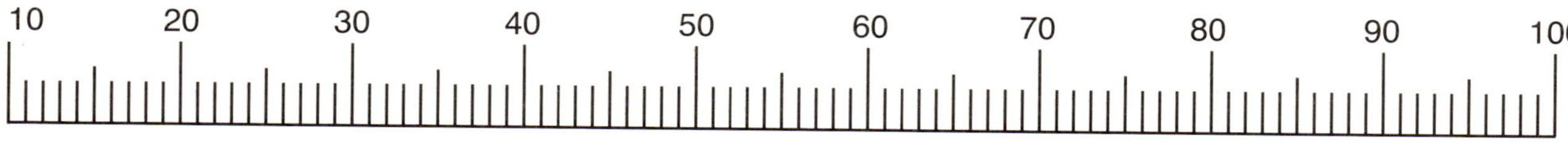

79 − 3 = 79 − 30 =

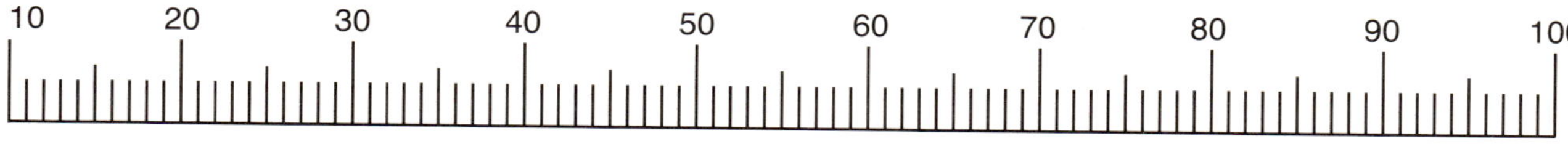

32 − 1 = 32 − 10 =

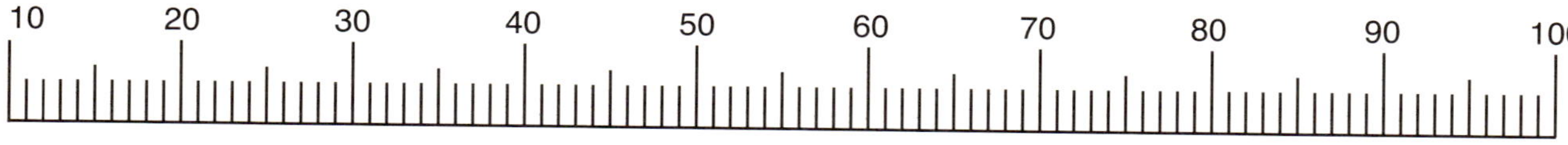

97 − 4 = 97 − 40 =

P. Schön/A. Pogoda Saam: Den Zahlenraum bis 100 aktiv entdecken

Name: Datum:

Wir hüpfen auf dem Zahlenstrahl

① Male und setze die Zahlenfolge fort!
Schreibe die Plus- oder Minusaufgabe auf!

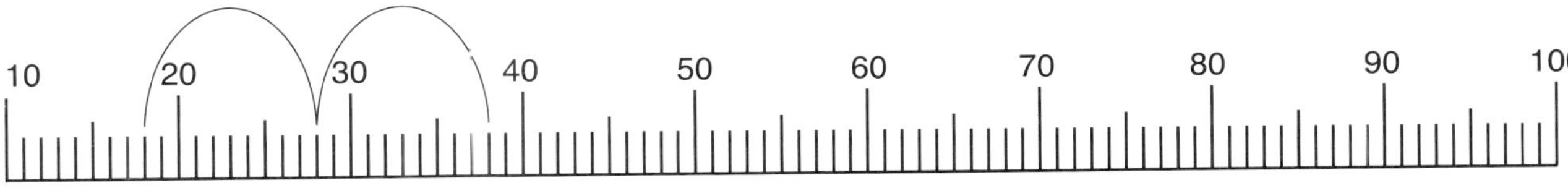

18, 28, 38, ___, ___, ___, ___, 88

18 + 70 = ___

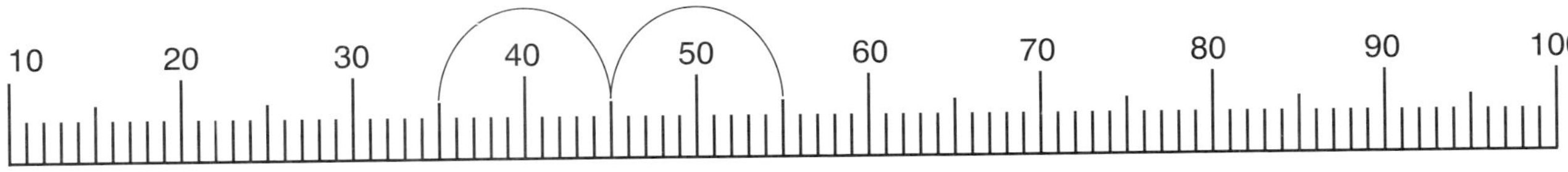

35, 45, 55, ___, ___, ___, 95

___ ◯ ___ = ___

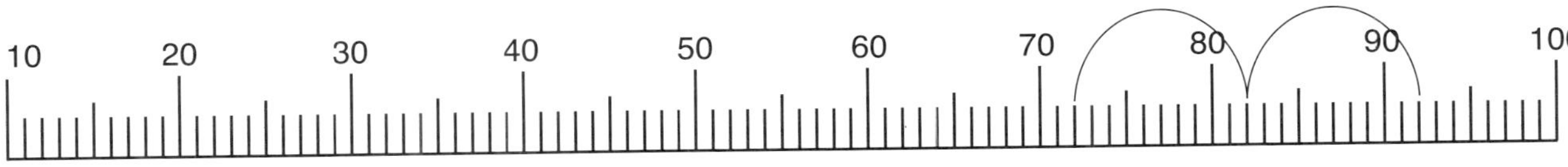

92, 82, 72, ___, ___, ___, 32

___ ◯ ___ = ___

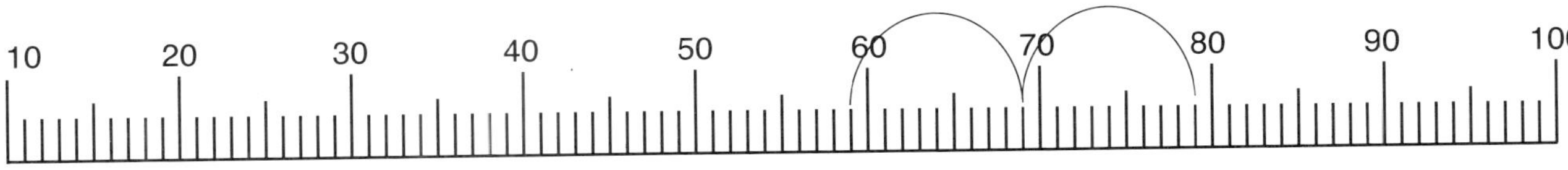

79, 69, ___, ___, ___, 29

___ ◯ ___ = ___

② Finde selbst eine Zahlenfolge und male! Schreibe die Aufgabe auf!

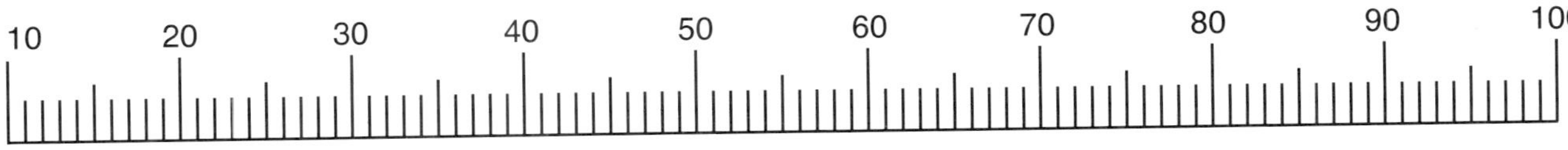

___

___ ◯ ___ = ___

Name: Datum:

Wir hüpfen auf dem Zahlenstrahl

① Male und setze die Zahlenfolge fort!
Schreibe die Plus- oder Minusaufgabe auf!

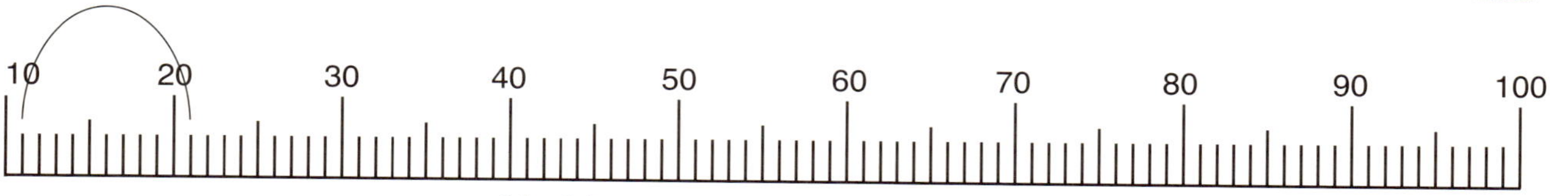

11, 21, ____, ____, ____, 61

☐ ◯ ☐ = ☐

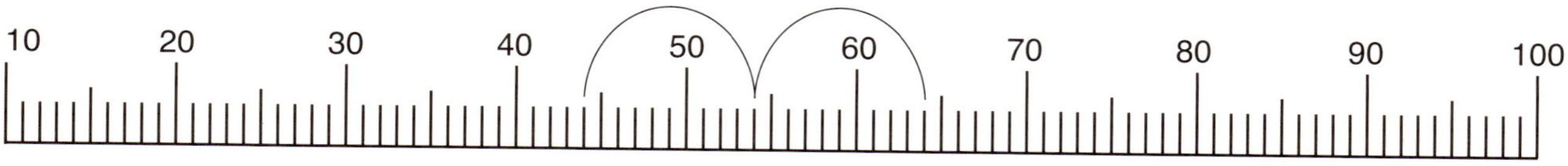

64, 54, ____, ____, 24

☐ ◯ ☐ = ☐

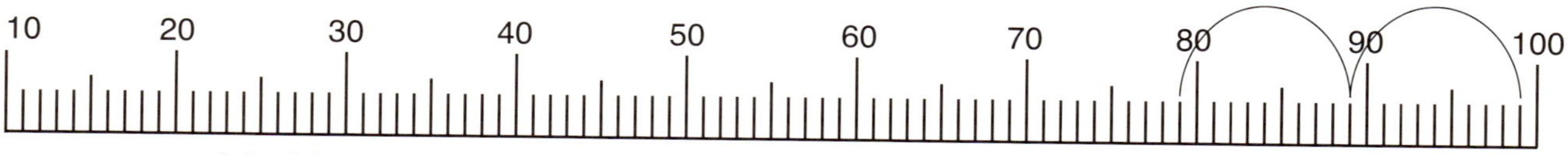

99, 89, ____, ____, ____, ____, ____, ____, 19

☐ ◯ ☐ = ☐

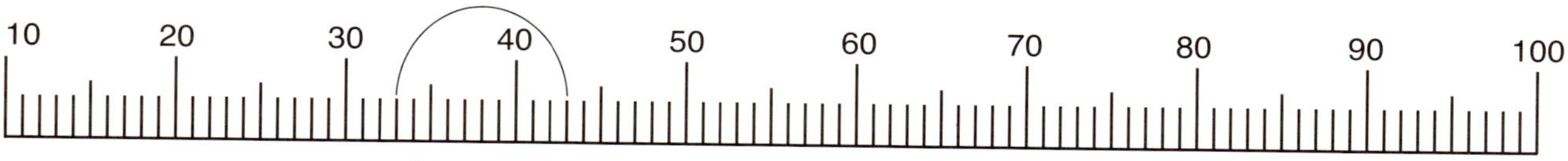

33, 43, ____, ____, ____, ____, 93

☐ ◯ ☐ = ☐

② Finde selbst eine Zahlenfolge und male! Schreibe die Aufgabe auf!

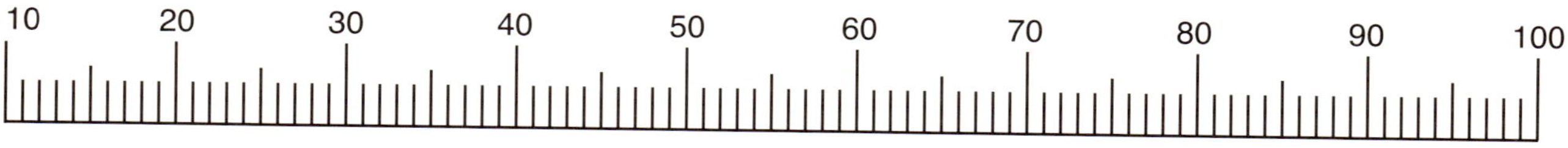

____

☐ ◯ ☐ = ☐

Name: Datum:

Wir verdoppeln

① Nimm einen Spiegel und ergänze das entsprechende Bild!
② Wie heißt die Verdoppelungsaufgabe? Wie rechnest du? Schreibe auf!

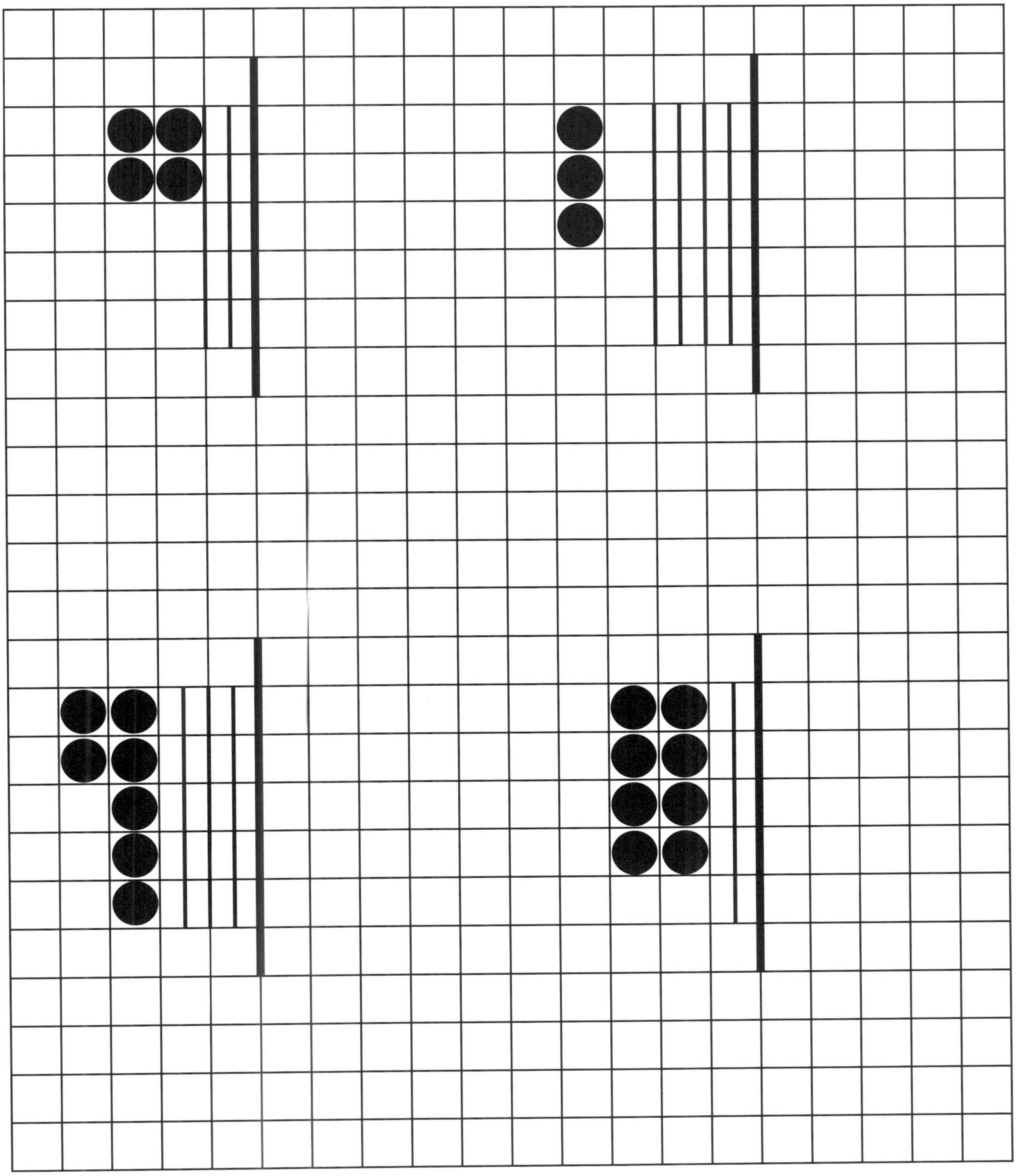

Wir verdoppeln

① Nimm einen Spiegel und ergänze das entsprechende Bild! Rechne!

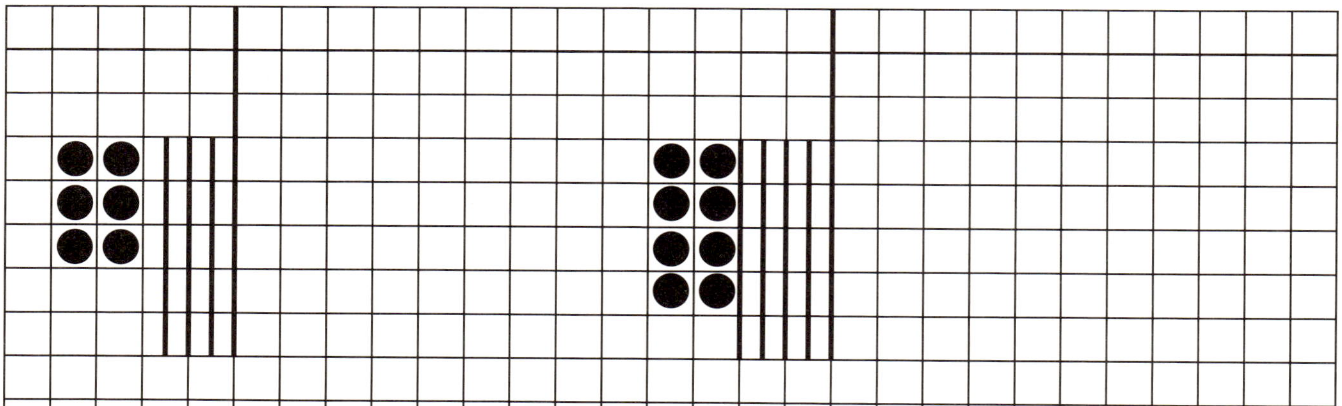

36 + 36 = 72
30 + 30 = 60
6 + 6 = 12

48 + 48 =
40 + 40 =
8 + 8 =

② Wie heißt die Verdoppelung? Schreibe und rechne!

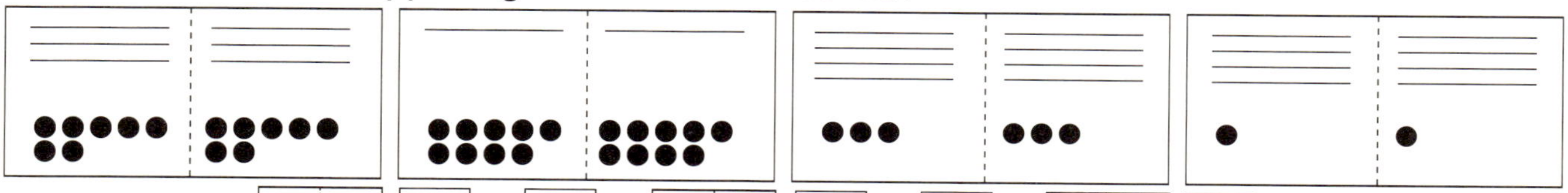

37 + 37 = ☐☐ | ☐ + ☐ = ☐☐ | ☐ + ☐ = ☐☐ | ☐ + ☐ = ☐☐

30 + 30 = ☐☐ | ☐ + ☐ = ☐☐ | ☐ + ☐ = ☐☐ | ☐ + ☐ = ☐☐

7 + 7 = ☐☐ | ☐ + ☐ = ☐☐ | ☐ + ☐ = ☐☐ | ☐ + ☐ = ☐☐

③ Verdoppele! Zeichne und rechne!

18 + 18 = ☐☐ | 24 + 24 = ☐☐ | 31 + 31 = ☐☐ | 47 + 47 = ☐☐

☐ + ☐ = ☐☐ | ☐ + ☐ = ☐☐ | ☐ + ☐ = ☐☐ | ☐ + ☐ = ☐☐

☐ + ☐ = ☐☐ | ☐ + ☐ = ☐☐ | ☐ + ☐ = ☐☐ | ☐ + ☐ = ☐☐

④ Finde eigene Verdoppelungsaufgaben!

☐ + ☐ = ☐☐ | ☐ + ☐ = ☐☐ | ☐ + ☐ = ☐☐ | ☐ + ☐ = ☐☐

☐ + ☐ = ☐☐ | ☐ + ☐ = ☐☐ | ☐ + ☐ = ☐☐ | ☐ + ☐ = ☐☐

☐ + ☐ = ☐☐ | ☐ + ☐ = ☐☐ | ☐ + ☐ = ☐☐ | ☐ + ☐ = ☐☐

Name: Datum:

Wir verdoppeln

① Wie heißt die Verdoppelung? Schreibe und rechne!

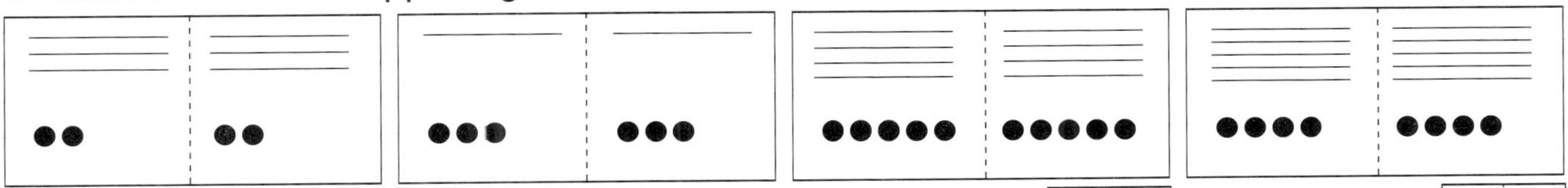

$32 + 32 = \square$ | $\square + \square = \square$ | $\square + \square = \square$ | $\square + \square = \square$

$30 + 30 = \square$ | $\square + \square = \square$ | $\square + \square = \square$ | $\square + \square = \square$

$2 + 2 = \square$ | $\square + \square = \square$ | $\square + \square = \square$ | $\square + \square = \square$

② Rechne!

$28 + 28 = \square$ | $16 + 16 = \square$ | $49 + 49 = \square$ | $33 + 33 = \square$

$\square + \square = \square$ (4×, twice)

$42 + 42 = \square$ | $25 + 25 = \square$ | $51 + 51 = \square$ | $14 + 14 = \square$

$\square + \square = \square$ (4×, twice)

$23 + 23 = \square$ | $44 + 44 = \square$ | $11 + 11 = \square$ | $34 + 34 = \square$

$\square + \square = \square$ (4×, twice)

③ Finde eigene Verdoppelungsaufgaben!

$\square + \square = \square$ (4×, three times)

Name: Datum:

Zahlenmauern mit Verdoppelung

① Finde die Steine der Zahlenmauer und schreibe sie auf!

② Finde selbst Zahlenmauern und schreibe sie auf!

P. Schön/A. Pogoda Saam: Den Zahlenraum bis 100 aktiv entdecken

Name: Datum:

Wir rechnen über den Zehner

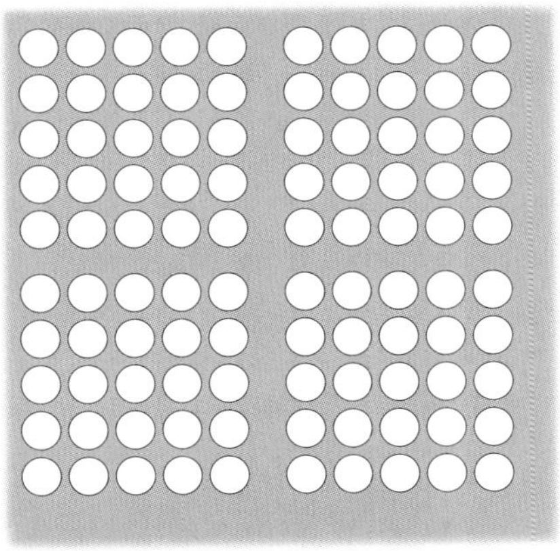

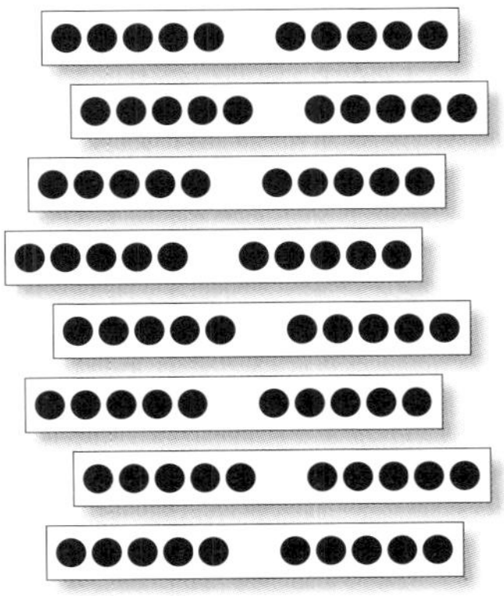

① Wie heißt die Aufgabe? Male, schreibe und rechne!

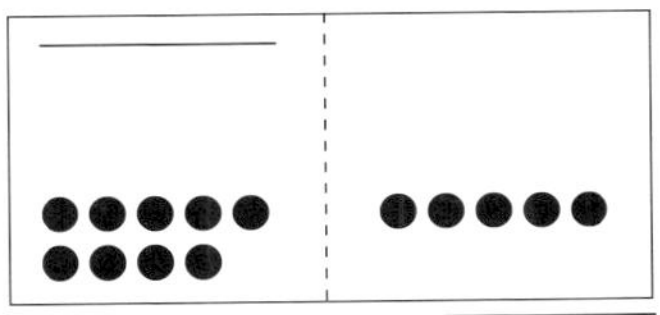

19 + 5 = ☐☐ | 36 + 7 = ☐☐ | 43 + 8 = ☐☐ | 59 + 4 = ☐☐

☐ + ☐ = ☐☐

☐ + ☐ = ☐☐

65 + 8 = ☐☐ | 82 + 9 = ☐☐ | 48 + 6 = ☐☐ | 27 + 4 = ☐☐

☐ + ☐ = ☐☐

☐ + ☐ = ☐☐

② Finde eigene Aufgaben über den Zehner! Male, schreibe und rechne!

☐ + ☐ = ☐☐

☐ + ☐ = ☐☐

☐ + ☐ = ☐☐

Wir rechnen über den Zehner

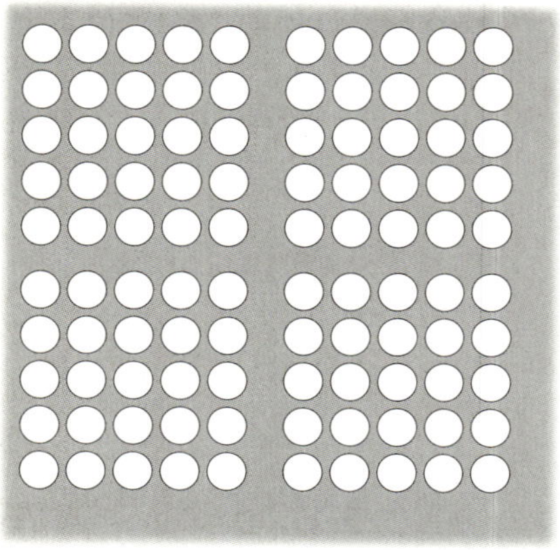

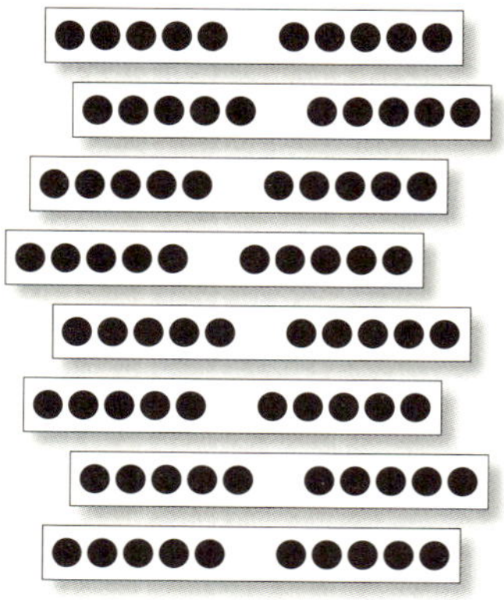

① Wie heißt die Aufgabe? Schreibe und rechne!

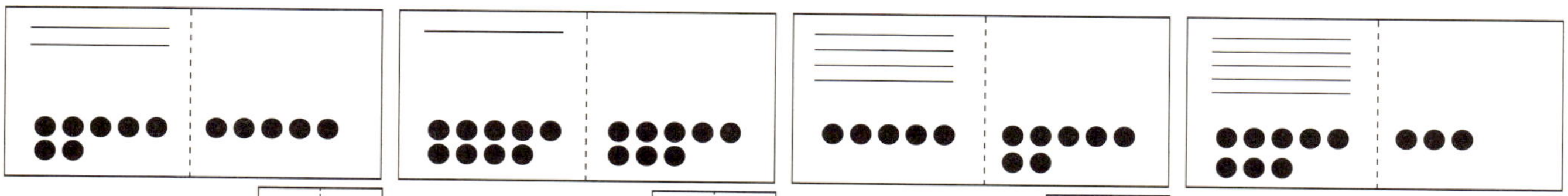

27 + 5 = ☐☐ | ☐ + ☐ = ☐☐ | ☐ + ☐ = ☐☐ | ☐ + ☐ = ☐☐

② Rechne!

45 + 6 = ☐☐ | 26 + 8 = ☐☐ | 57 + 4 = ☐☐ | 37 + 7 = ☐☐

62 + 9 = ☐☐ | 55 + 7 = ☐☐ | 78 + 5 = ☐☐ | 44 + 8 = ☐☐

③ Finde eigene Aufgaben über den Zehner!

P. Schön/A. Pogoda Saam: Den Zahlenraum bis 100 aktiv entdecken

Wir rechnen über den Zehner

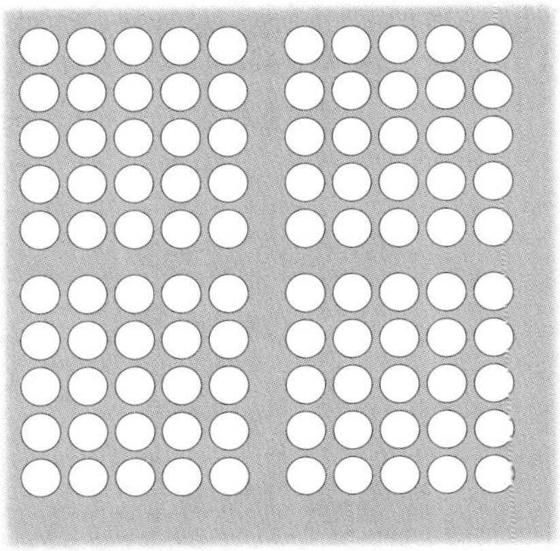

① Wie heißt die Aufgabe? Schreibe und rechne!

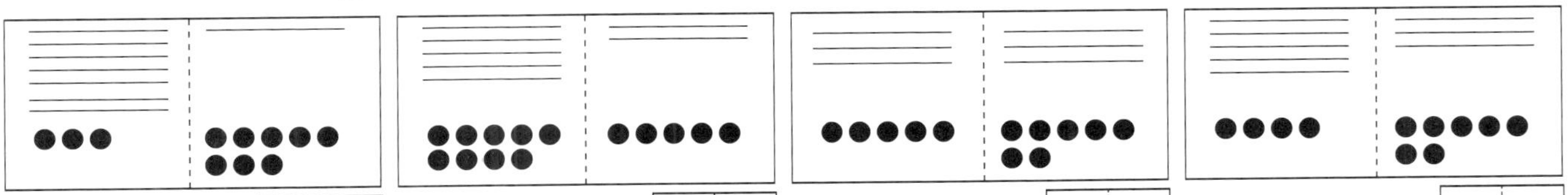

73 + 18 = ☐ + = ☐ + = ☐ + = ☐

☐ + ☐ = ☐

☐ + ☐ = ☐

② Rechne!

75 + 16 = ☐ 46 + 36 = ☐ 18 + 59 = ☐ 29 + 42 = ☐

☐ + ☐ = ☐

☐ + ☐ = ☐

43 + 39 = ☐ 55 + 27 = ☐ 66 + 15 = ☐ 38 + 38 = ☐

☐ + ☐ = ☐

☐ + ☐ = ☐

③ Finde eigene Aufgaben über den Zehner!

☐ ☐ = ☐

☐ ☐ = ☐

☐ ☐ = ☐

Name: Datum:

Wir rechnen über den Zehner

① Rechne! Schreibe deinen Lösungsweg auf!

37 + 7 = ☐☐	46 + 9 = ☐☐	53 + 8 = ☐☐	65 + 7 = ☐☐
☐ + ☐ = ☐☐	☐ + ☐ = ☐☐	☐ + ☐ = ☐☐	☐ + ☐ = ☐☐
☐ + ☐ = ☐☐	☐ + ☐ = ☐☐	☐ + ☐ = ☐☐	☐ + ☐ = ☐☐
67 + 18 = ☐☐	55 + 36 = ☐☐	48 + 35 = ☐☐	56 + 19 = ☐☐
☐ + ☐ = ☐☐	☐ + ☐ = ☐☐	☐ + ☐ = ☐☐	☐ + ☐ = ☐☐
☐ + ☐ = ☐☐	☐ + ☐ = ☐☐	☐ + ☐ = ☐☐	☐ + ☐ = ☐☐

② Entscheide, ob es Aufgaben über den Zehner sind!
Rechne und kreuze an!

75	+	6	=		○
61	+	4	=		○
46	+	6	=		○
18	+	3	=		○
57	+	2	=		○

29	+	4	=		○
48	+	6	=		○
43	+	5	=		○
55	+	2	=		○
66	+	8	=		○

③ Wie geht die Aufgabenreihe weiter? Rechne!

13	+	8	=	
24	+	8	=	
35	+	8	=	
	+		=	
	+		=	
	+		=	

27	+	4	=	
26	+	5	=	
25	+	6	=	
	+		=	
	+		=	
	+		=	

16	+	13	=	
18	+	13	=	
20	+	13	=	
	+		=	
	+		=	
	+		=	

Name: Datum:

Tauschaufgaben

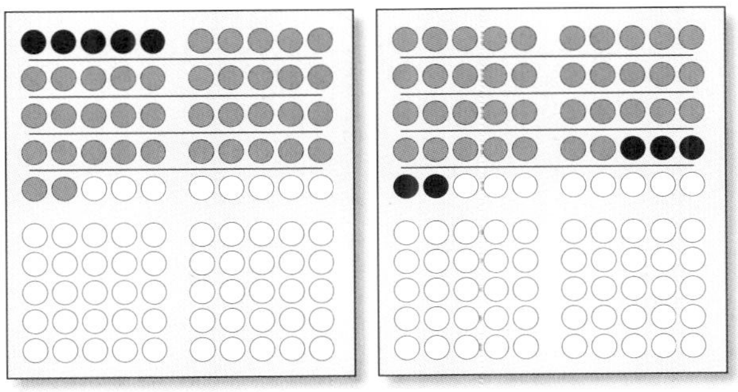

5 + 37 = ☐

37 + 5 = ☐

① Rechne die Tauschaufgabe!

9 + 29 = ☐	7 + 49 = ☐	2 + 61 = ☐
29 + 9 = ☐	☐ + ☐ = ☐	☐ + ☐ = ☐
8 + 34 = ☐	6 + 87 = ☐	5 + 43 = ☐
☐ + ☐ = ☐	☐ + ☐ = ☐	☐ + ☐ = ☐

② Finde die passende Tauschaufgabe und rechne!
Verbinde mit dem Lineal!

5 + 34 = ☐☐	66 + 2 = ☐☐
2 + 66 = ☐☐	87 + 6 = ☐☐
7 + 78 = ☐☐	34 + 5 = ☐☐
6 + 87 = ☐☐	78 + 7 = ☐☐

③ Rechne die Tauschaufgabe, wenn es sinnvoll ist!

7 + 87 = ☐	67 + 10 = ☐	13 + 58 = ☐
☐ + ☐ = ☐	☐ + ☐ = ☐	☐ + ☐ = ☐

Minusaufgaben über den Zehner

Peters Hamster knabbert den Zehner an!

34 − 7 = 27

① Entscheide, ob du den Zehner anknabbern musst oder nicht!
Lege und rechne! Kreuze an!

74	−	6	=		◯
62	−	4	=		◯
36	−	6	=		◯
18	−	3	=		◯
51	−	5	=		◯

28	−	4	=		◯
47	−	6	=		◯
43	−	8	=		◯
55	−	9	=		◯
66	−	8	=		◯

② Wie heißt die Aufgabe? Schreibe und rechne!

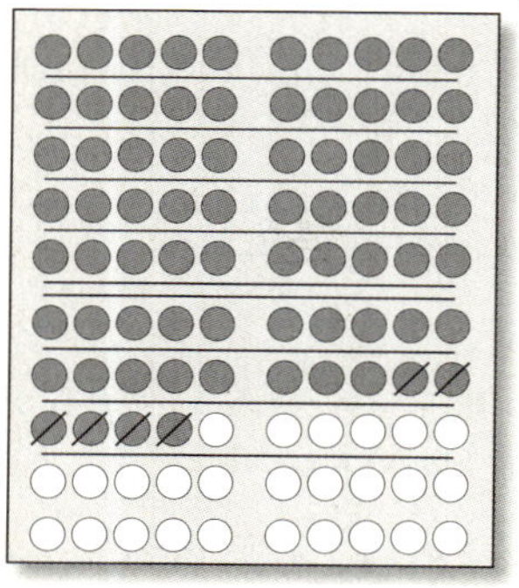
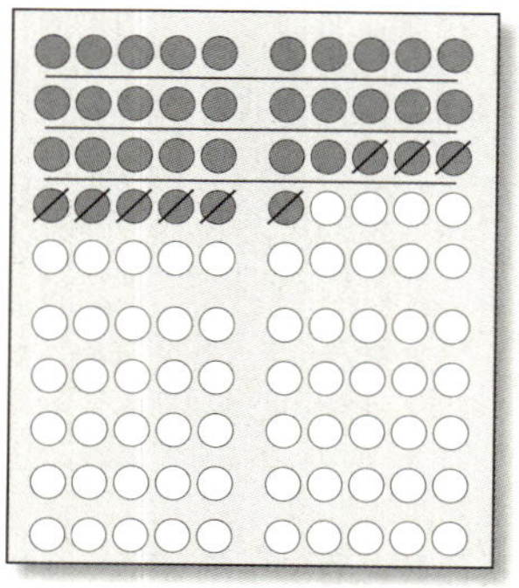
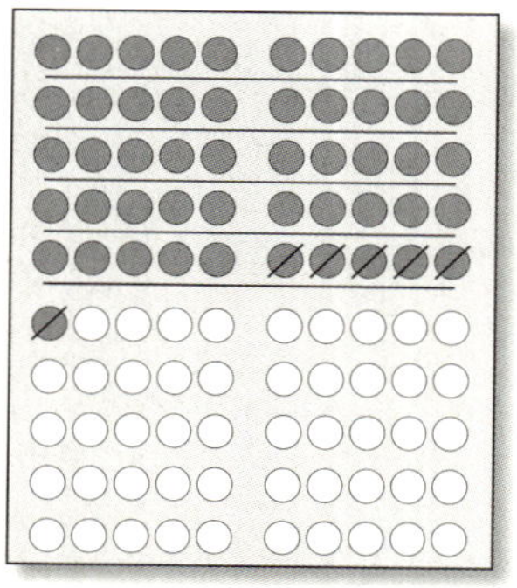
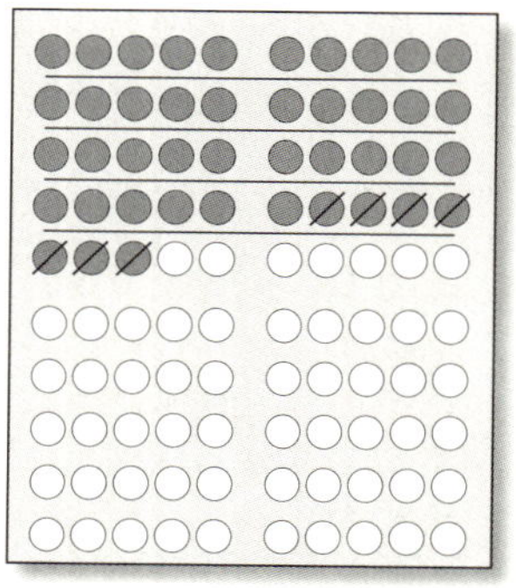

74 − 6 = ☐ ☐ − ☐ = ☐ ☐ − ☐ = ☐ ☐ − ☐ = ☐

☐ − ☐ = ☐ ☐ − ☐ = ☐ ☐ − ☐ = ☐ ☐ − ☐ = ☐

☐ − ☐ = ☐ ☐ − ☐ = ☐ ☐ − ☐ = ☐ ☐ − ☐ = ☐

P. Schön/A. Pogoda Saam: Den Zahlenraum bis 100 aktiv entdecken

Name: Datum:

Minusaufgaben über den Zehner

① Rechne! Schreibe den Lösungsweg auf!

38 − 9 = ☐
☐ − ☐ = ☐
☐ − ☐ = ☐

24 − 6 = ☐
☐ − ☐ = ☐
☐ − ☐ = ☐

75 − 8 = ☐
☐ − ☐ = ☐
☐ − ☐ = ☐

47 − 9 = ☐
☐ − ☐ = ☐
☐ − ☐ = ☐

56 − 8 = ☐
☐ − ☐ = ☐
☐ − ☐ = ☐

33 − 7 = ☐
☐ − ☐ = ☐
☐ − ☐ = ☐

91 − 5 = ☐
☐ − ☐ = ☐
☐ − ☐ = ☐

② Entscheide, ob du den Zehner anknabbern musst oder nicht!
Lege und rechne! Kreuze an!

63	−	7	=		○
51	−	5	=		○
25	−	4	=		○
32	−	3	=		○
49	−	6	=		○

88	−	5	=		○
56	−	6	=		○
93	−	9	=		○
77	−	9	=		○
68	−	7	=		○

③ Wie geht die Aufgabenreihe weiter? Rechne!

56	−	2	=	
56	−	4	=	
56	−	6	=	
	−		=	
	−		=	
	−		=	

27	−	5	=	
26	−	5	=	
25	−	5	=	
	−		=	
	−		=	
	−		=	

43	−	3	=	
42	−	4	=	
41	−	5	=	
	−		=	
	−		=	
	−		=	

Name: Datum:

Minusaufgaben über den Zehner

① Rechne! Schreibe deinen Lösungsweg auf!

36	−	17	=	
	−		=	
	−		=	

54	−	26	=	
	−		=	
	−		=	

82	−	47	=	
	−		=	
	−		=	

66	−	39	=	
	−		=	
	−		=	

75	−	37	=	
	−		=	
	−		=	

91	−	55	=	
	−		=	
	−		=	

42	−	28	=	
	−		=	
	−		=	

81	−	66	=	
	−		=	
	−		=	

② Rechne! Fällt dir etwas auf?

−	4	14	24
41	37	27	17
52			
63			
74			

−	5	25	45
92			
82			
72			
62			

−	9	19	29
35			
46			
57			
68			

−	6	26	46
54			
64			
74			
84			

③ Immer zwei Aufgaben haben das gleiche Ergebnis.
Male mit der gleichen Farbe an!

52	−	17	=	
	−		=	
	−		=	

91	−	66	=	
	−		=	
	−		=	

82	−	56	=	
	−		=	
	−		=	

64	−	29	=	
	−		=	
	−		=	

53	−	27	=	
	−		=	
	−		=	

48	−	23	=	
	−		=	
	−		=	

Name: Datum:

Verwandte Aufgaben über den Zehner

5 + 7 = 12

65 + 7 = 72

① Rechne aus und verbinde mit dem Lineal!

3 + 9 =	46 + 5 =	49 + 5 =	7 + 4 =
6 + 5 =	68 + 6 =	37 + 4 =	7 + 6 =
8 + 7 =	73 + 9 =	85 + 7 =	9 + 5 =
8 + 6 =	78 + 7 =	57 + 6 =	5 + 7 =

② Rechne! Schreibe deinen Lösungsweg auf!

36	+	9	=	
	+		=	
	+		=	

57	+	8	=	
	+		=	
	+		=	

63	+	9	=	
	+		=	
	+		=	

76	+	6	=	
	+		=	
	+		=	

46	+	29	=	
	+		=	
	+		=	

66	+	25	=	
	+		=	
	+		=	

59	+	36	=	
	+		=	
	+		=	

25	+	48	=	
	+		=	
	+		=	

③ Rechne! Fällt dir etwas auf?

35	+	20	=	
20	+	35	=	
40	+	56	=	
56	+	40	=	

18	+	81	=	
27	+	72	=	
36	+	63	=	
45	+	54	=	

36	+	3	=	
36	+	13	=	
36	+	23	=	
36	+	33	=	

Name: Datum:

Verwandte Aufgaben über den Zehner

12 − 4 = ☐8

32 − 4 = 28

① Rechne aus und verbinde mit dem Lineal!

15 − 6 =	34 − 7 =	52 − 6 =	14 − 9 =
14 − 7 =	91 − 3 =	32 − 4 =	15 − 7 =
11 − 3 =	45 − 6 =	94 − 9 =	12 − 6 =
13 − 8 =	53 − 8 =	85 − 7 =	12 − 4 =

② Rechne! Schreibe deinen Lösungsweg auf!

36 − 9 =	45 − 7 =	22 − 8 =	22 − 18 =
− =	− =	− =	− =
− =	− =	− =	− =
36 − 19 =	45 − 17 =	81 − 6 =	81 − 16 =
− =	− =	− =	− =
− =	− =	− =	− =

③ Rechne! Fällt dir etwas auf?

12 − 4 =	13 − 8 =	93 − 76 =
23 − 14 =	53 − 8 =	93 − 66 =
34 − 24 =	14 − 7 =	93 − 56 =
45 − 34 =	64 − 7 =	93 − 46 =
56 − 44 =	12 − 6 =	93 − 36 =

Plus- und Minusaufgaben über den Zehner

① Wie heißt die Aufgabe? Rechne!

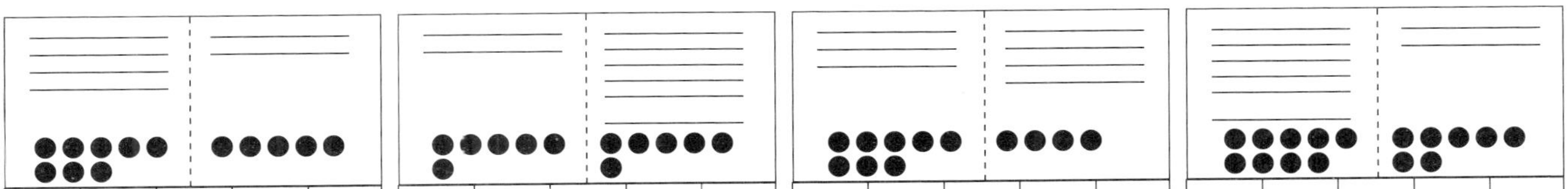

48 + 25 =

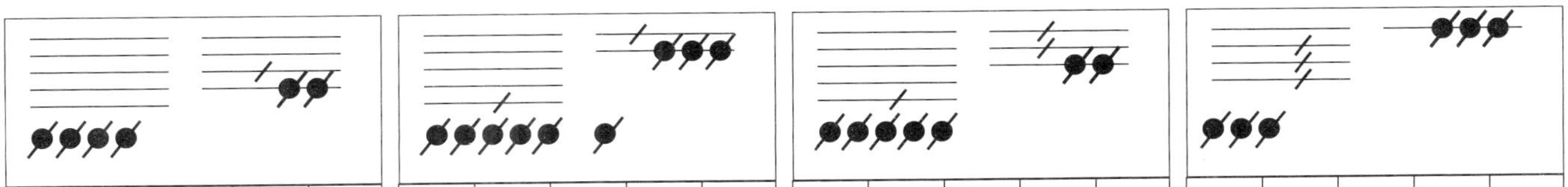

94 − 16

② Rechne!

96 − 28 =	69 + 24 =	54 − 19 =
82 − 47 =	56 + 13 =	73 − 25 =
63 − 34 =	35 + 48 =	38 + 45 =
53 − 30 =	74 + 20 =	27 + 57 =
46 − 18 =	57 + 36 =	82 − 35 =
78 − 53 =	28 + 54 =	35 + 40 =

③ Wie geht die Aufgabenreihe weiter?

−	+	−
83 − 5 =	18 + 16 =	21 − 9 =
83 − 15 =	28 + 16 =	31 − 18 =
83 − 25 =	38 + 16 =	41 − 27 =

Name: Datum:

Wir legen Geld!

① Lies die Zahl vor!
② Male den Geldbetrag mit Zehnermünzen und einzelnen Centmünzen daneben!
③ Male das Geld in den richtigen Farben aus!

23 ct = 

36 ct =

55 ct =

64 ct =

91 ct =

77 ct =

29 ct =

81 ct =

37 ct =

95 ct =

18 ct =

P. Schön/A. Pogoda Saam: Den Zahlenraum bis 100 aktiv entdecken

Name: Datum:

Wir rechnen mit Geld bis 100

- Wie viel Geld ist das? Schreibe auf!

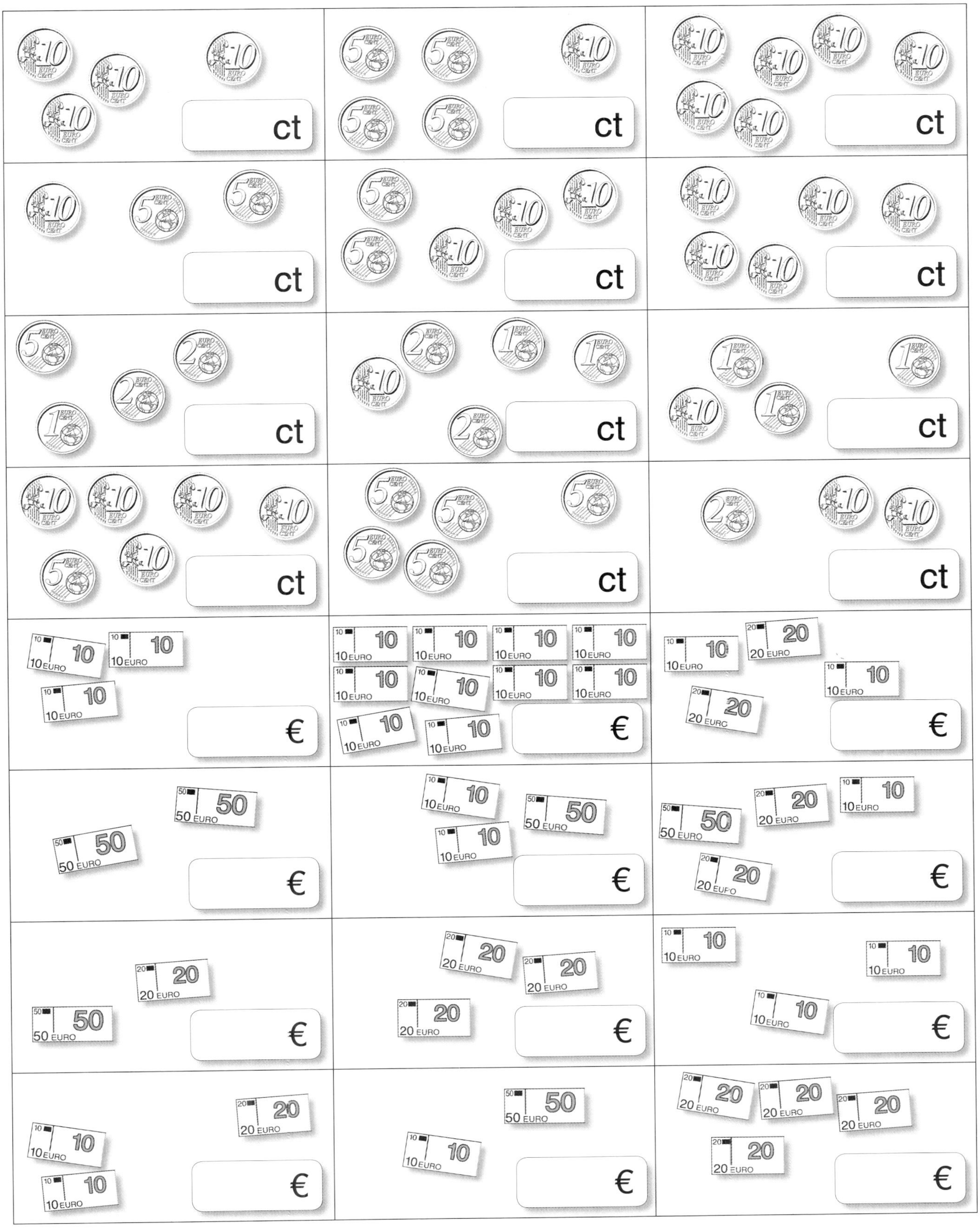

Wir rechnen mit Geld

• Wie viel Geld erhältst du zurück? Kreise das Geld ein!

Preis: 15 €

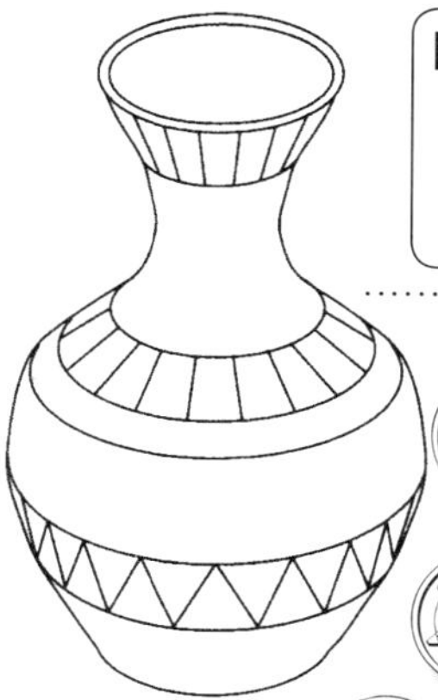

Du gibst:

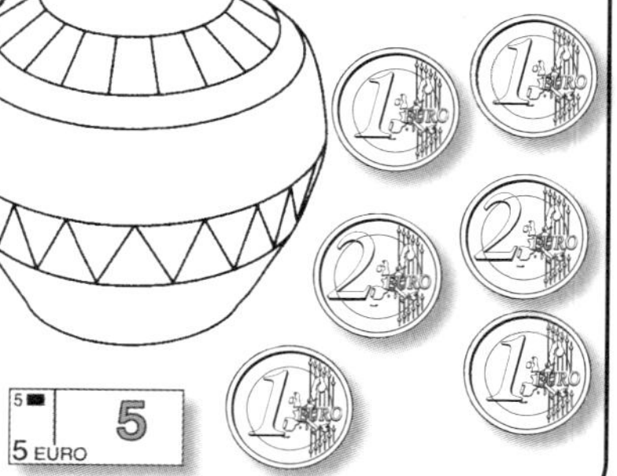

Preis: 40 €

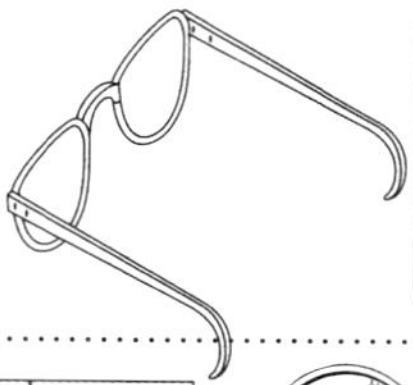

Du gibst:

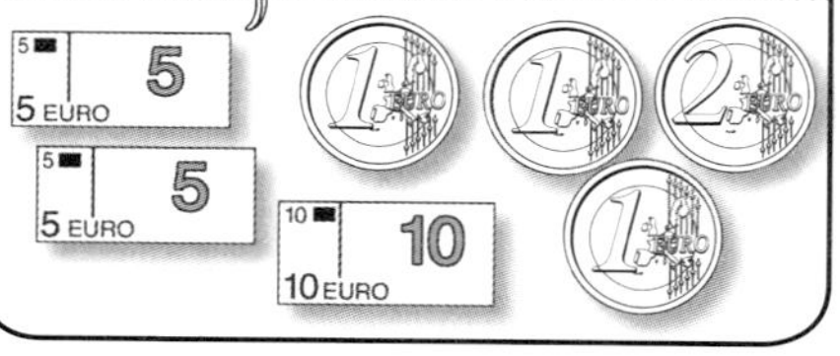

Preis: 4 €

Du gibst:

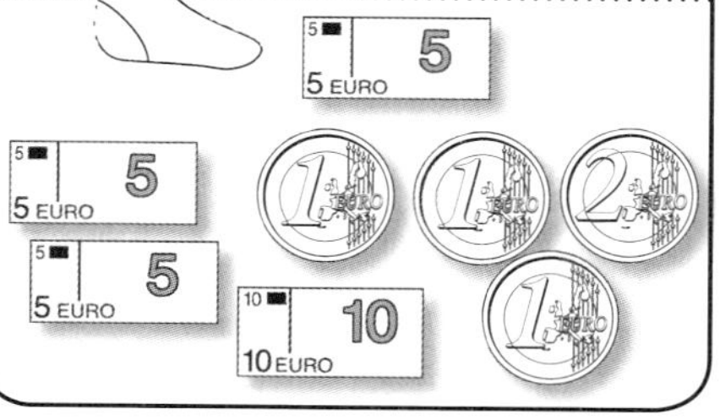

Preis: 20 €

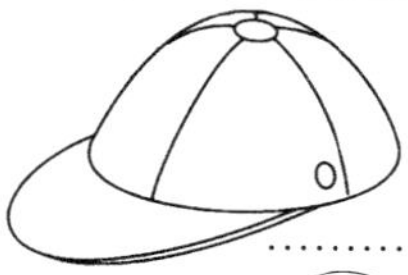

Du gibst:

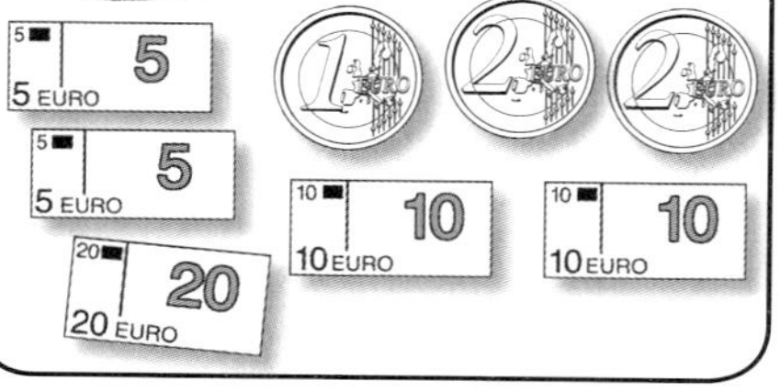

Preis: 60 €

Du gibst:

Preis: 80 €

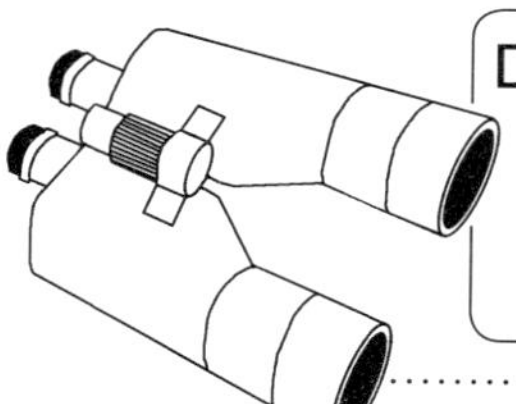

Du gibst:

Preis: 30 €

Du gibst:

Preis: 4 €

Du gibst:

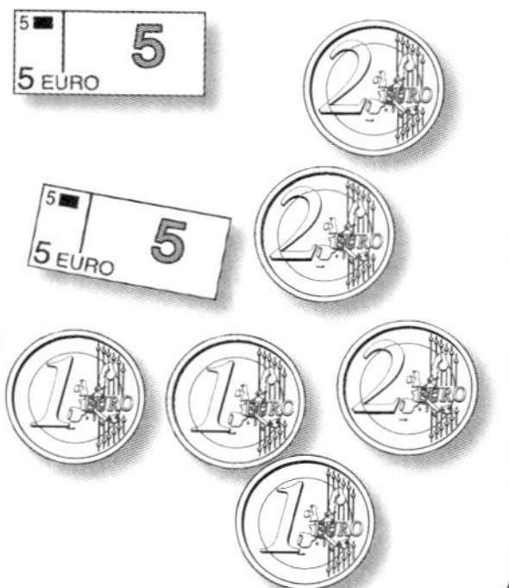

Name: Datum:

Wir rechnen mit Geld

- Wie viel Geld ist im Sparschwein?

ct	+	ct	+	ct	=	ct

20 ct	+	*10* ct	+	*10* ct	=	ct

ct	+	ct	+	ct	=	ct

ct	+	ct	+	ct	=	ct

€	+	€	+	€	=	€

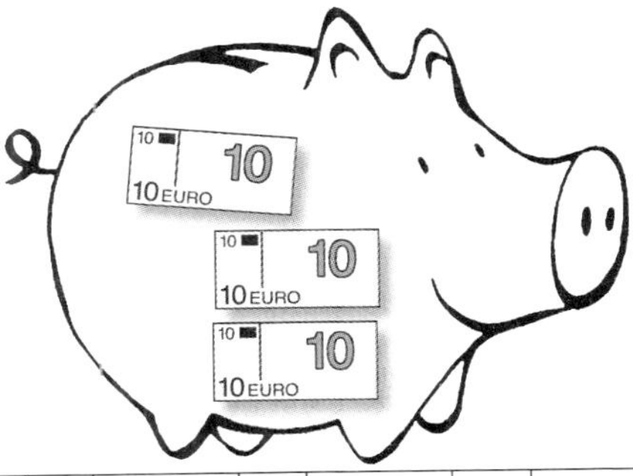

€	+	€	+	€	=	€

€	+	€	+	€	=	€

€	+	€	+	€	=	€

Name: Datum:

Wir wechseln Geld

① Immer 1 Euro. Lege und male!

	Wie viele Münzen?
	10

② Kreise immer 50 ct ein!

Wie viel Geld ist es zusammen? ____________

P. Schön/A. Pogoda Saam: Den Zahlenraum bis 100 aktiv entdecken

Name: Datum:

Wir rechnen mit Geld

- Wie viel Geld erhältst du zurück? Rechne und kreise das Geld ein!

Preis: 23 €

Du gibst:

50 € – 23 € = €

Preis: 39 €

Du gibst:

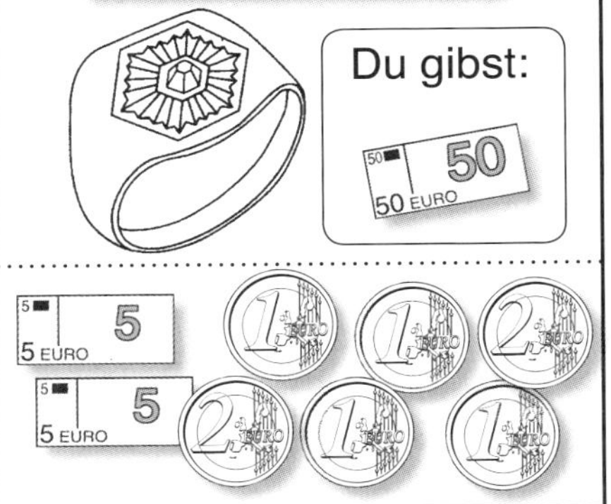

Preis: 14 €

Du gibst:

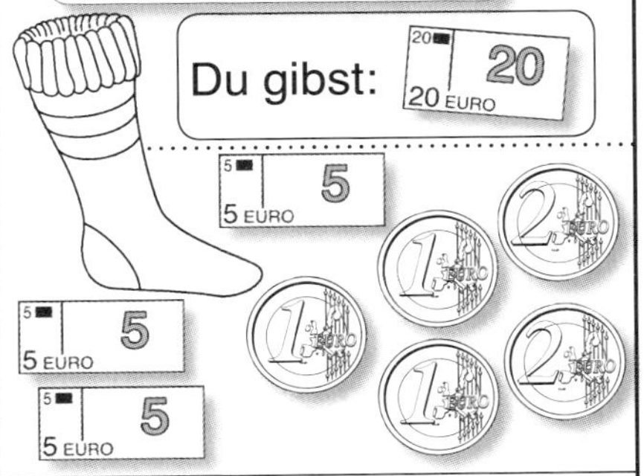

Preis: 58 €

Du gibst:

Preis: 22 €

Du gibst:

Preis: 37 €

Du gibst:

Preis: 44 €

Du gibst:

Preis: 23 €

Du gibst:

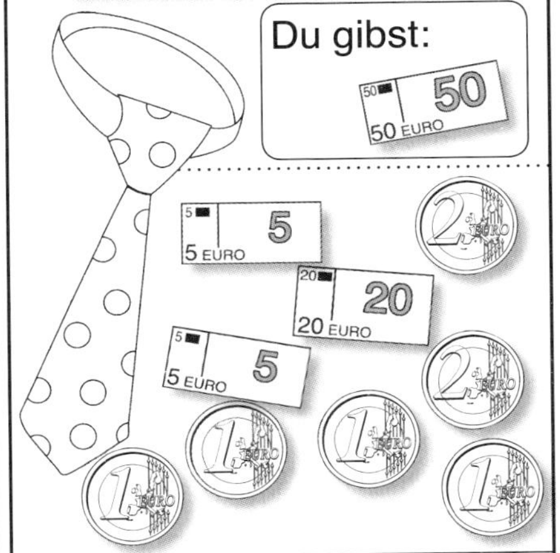

Geldbeträge mit Komma

Das Komma trennt Euro und Cent!

32,65 €

32 € und 65 ct

① Wie viel Geld ist das? Schreibe auf!

____ € und _____ ct	____ € und _____ ct	____ € und _____ ct	____ € und _____ ct
________ €	________ €	________ €	________ €

Merke dir: 1 € sind 100 **ct**

② Rechne die Aufgaben! Schreibe mit einer Kommazahl auf!

1 Apfel kostet: 40 ct 	1 Birne kostet: 60 ct 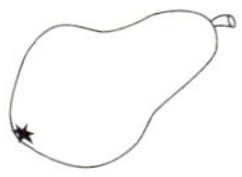	1 Gurke kostet: 80 ct 	1 Tomate kostet: 30 ct 
3 Äpfel kosten: 	2 Birnen kosten: 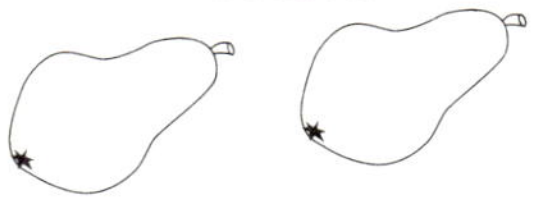	2 Gurken kosten: 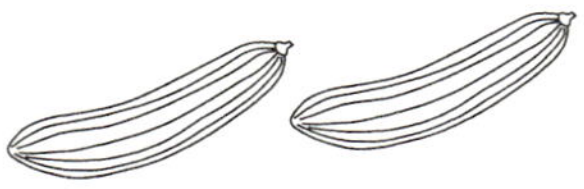	5 Tomaten kosten: 
40 ct + 40 ct + 40 ct = 120 ct oder: 3 · 40 ct = 120 ct			
1 € und 20 ct 1,20 €	___ € und ___ ct _______ €	___ € und ___ ct _______ €	___ € und ___ ct _______ €

Name: Datum:

Geldbeträge mit Komma

Das Komma trennt Euro und Cent!

32,65 €

32 € und *65* ct

① Wie viel Geld ist das? Schreibe auf!

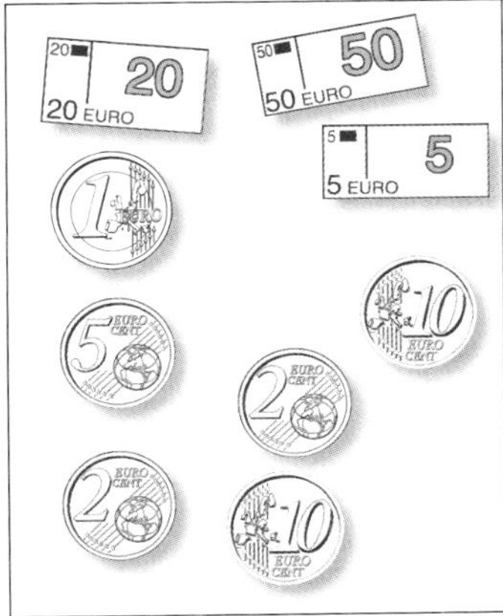		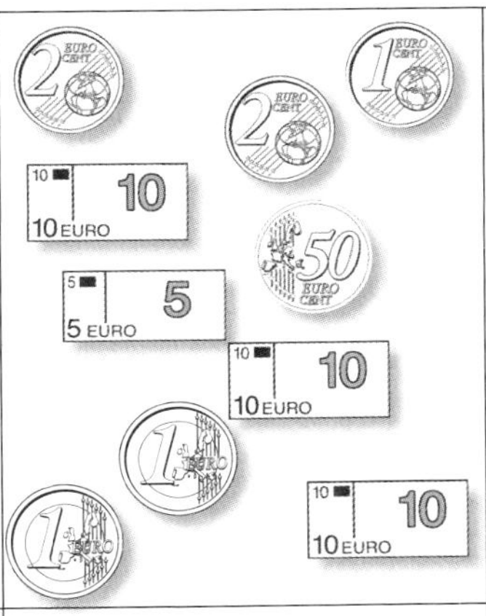	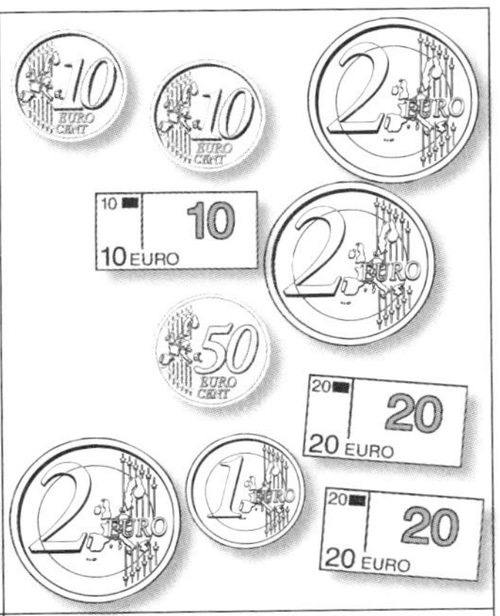
____€ und _____ ct	____€ und _____ ct	____€ und _____ ct	____€ und _____ ct
________ €	________ €	________ €	________ €

Merke dir: *1* € sind *100* **ct**

② Rechne die Aufgaben! Schreibe mit einer Kommazahl auf!

1 Heft kostet: *80* ct 	*1* Anspitzer kostet: *60* ct 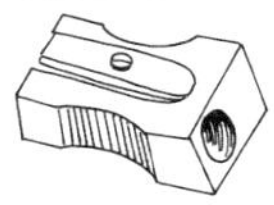	*1* Bleistift kostet: *90* ct 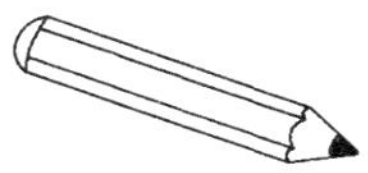	*1* Kugelschreiber kostet: *30* ct 
2 Hefte kosten: 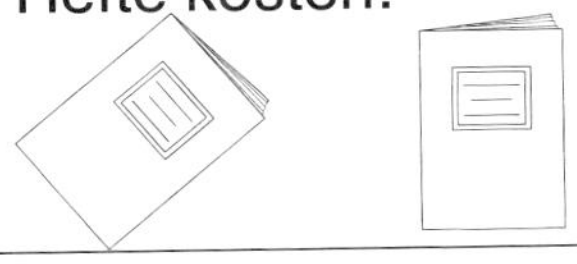	*2* Anspitzer kosten: 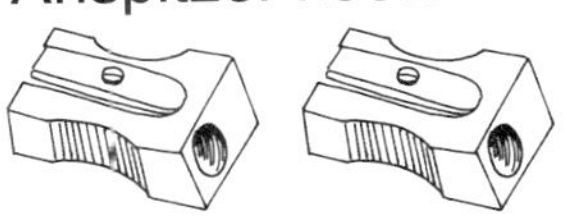	*2* Bleistifte kosten: 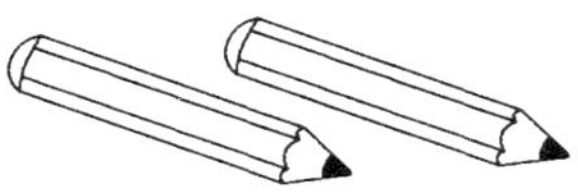	*5* Kugelschreiber kosten: 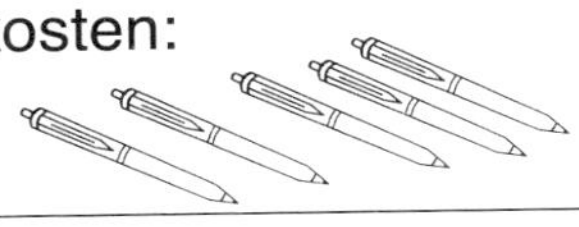
80 ct + *80* ct = *160* ct oder: *2* · *80* ct = *160* ct			
1 € und *60* ct *1,60* €	___ € und ___ ct ______ €	___ € und ___ ct ______ €	___ € und ___ ct ______ €

Name: Datum:

Geldbeträge mit Komma

① Male und schreibe den Betrag in Euro und Cent auf!

Geldbetrag mit Komma	Scheine und Münzen	Geldbetrag in Euro und Cent
8 € und 54 ct		8,54 €
40 € und 47 ct		_____ €
31 € und 78 ct		_____ €
65 € und 75 ct		_____ €

② Du kaufst Gemüse und Obst ein! Berechne deine Ausgaben.

	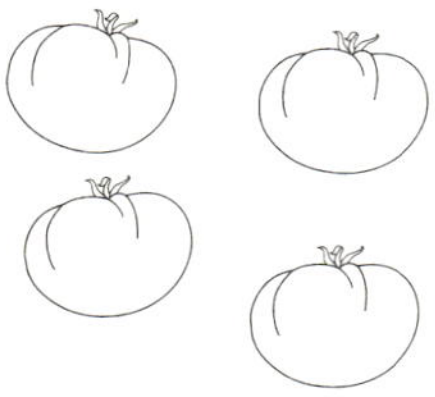			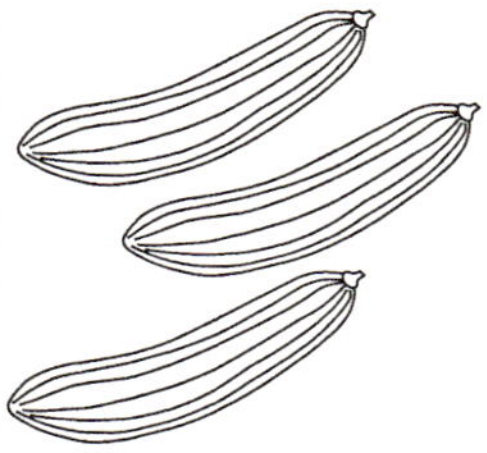
1 Apfel 1 €	1 Tomate 0,40 €	1 Salat 0,70 €	1 Kürbis 3 €	1 Gurke 0,80 €

Du kaufst: 5 Tomaten, 4 Äpfel, 1 Kürbis

	5	•	4	0	ct	=	2	0	0	ct					2,	0	0	€								
	4	•		1	€	=	4	€						+	4,	0	0	€								
	1	•		3	€	=	3	€						+	3,	0	0	€								

Du kaufst: 1 Gurke, 2 Äpfel, 1 Kürbis

P. Schön/A. Pogoda Saam: Den Zahlenraum bis 100 aktiv entdecken

Name: Datum:

Rechengeschichten

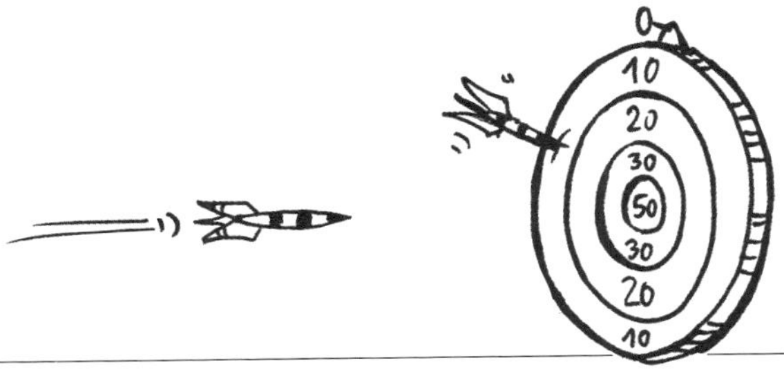

Florian und Linda spielen mit der Wurfscheibe.
Florian trifft die Felder 20, 30 und noch einmal 30.
Linda trifft die Felder 50, 10 und 20.

Name: Datum:

Rechengeschichten

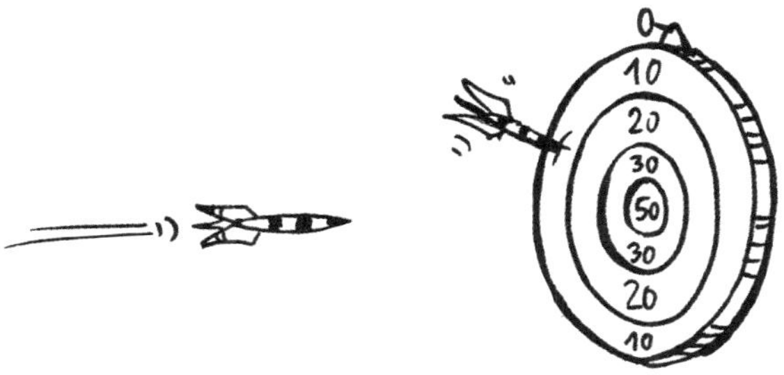

Florian und Linda spielen mit der Wurfscheibe.
Florian trifft die Felder 20, 30 und noch einmal 30.
Linda trifft die Felder 50, 10 und 20.

Wer hat das Spiel gewonnen?

Name: Datum:

Rechengeschichten

Am Sportunterricht nehmen 23 Schüler teil.
Es fehlen noch Lisa, Peter und Luisa.

Name: Datum:

Rechengeschichten

Am Sportunterricht nehmen 23 Schüler teil.
Es fehlen noch Lisa, Peter und Luisa.

Wie viele Schüler nehmen insgesamt am Sportunterricht teil?

Name: Datum:

Rechengeschichten

Im Kino gibt es 95 Sitzplätze.
62 Plätze sind besetzt.

Name: Datum:

Rechengeschichten

Im Kino gibt es 95 Sitzplätze.
62 Plätze sind besetzt.

Wie viele Sitzplätze sind noch frei?

Name: Datum:

Rechengeschichten

Im Schulbus gibt es 49 Sitzplätze.
36 Kinder sitzen bereits im Bus.

Name: Datum:

Rechengeschichten

Im Schulbus gibt es 49 Sitzplätze.
36 Kinder sitzen bereits im Bus.

Wie viele Sitzplätze sind noch frei?

P. Schön/A. Pogoda Saam: Den Zahlenraum bis 100 aktiv entdecken

Name: Datum:

Rechengeschichten

Im Klassenzimmer sind in der Spielecke 12 Jungen, in der Leseecke lesen 11 Mädchen und im Gruppenraum rechnen 14 Kinder.

Name: Datum:

Rechengeschichten

Im Klassenzimmer sind in der Spielecke 12 Jungen, in der Leseecke lesen 11 Mädchen und im Gruppenraum rechnen 14 Kinder.

Wie viele Kinder sind insgesamt in der Klasse?

Name: Datum:

Rechengeschichten

① Im Kasperletheater ist für 75 Kinder Platz. 52 Kinder sind schon da.

② Kasperle und Gretel verteilen an die 75 Kinder Schokoriegel.
Kasperle hat 25 Riegel in seiner Tasche und Gretel hat 45 Riegel.

③ Die Kinder der 2. Klasse sitzen schon im Theater. Es sind 15 Jungen in der Klasse.
Insgesamt sind es 29 Kinder.

Name: Datum:

Rechengeschichten

① Im Kasperletheater ist für 75 Kinder Platz. 52 Kinder sind schon da.

Wie viele Plätze sind noch frei?

② Kasperle und Gretel verteilen an die 75 Kinder Schokoriegel.
Kasperle hat 25 Riegel in seiner Tasche und Gretel hat 45 Riegel.

Reichen die Schokoriegel für alle Kinder?

③ Die Kinder der 2. Klasse sitzen schon im Theater. Es sind 15 Jungen in der Klasse.
Insgesamt sind es 29 Kinder.

Wie viele Mädchen sind in der Klasse?

Name: Datum:

Wir finden Plus- und Malaufgaben

- Schreibe zu jedem Bild die Plus- und Malaufgabe!

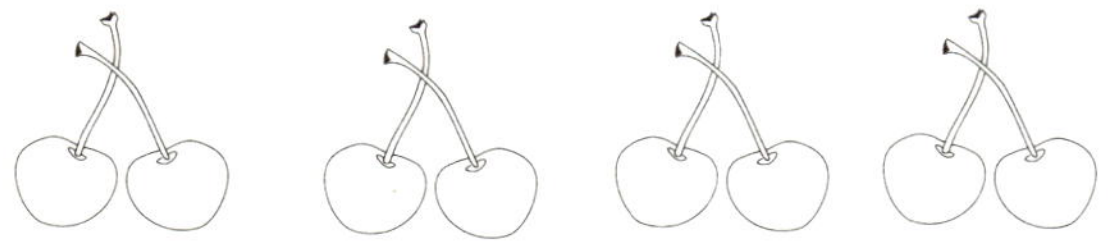

$2 + 2 + 2 + 2 =$ ____

$4 \cdot 2 =$ ____

____ + ____ + ____ + ____ + ____ + ____ = ____

____ · ____ = ____

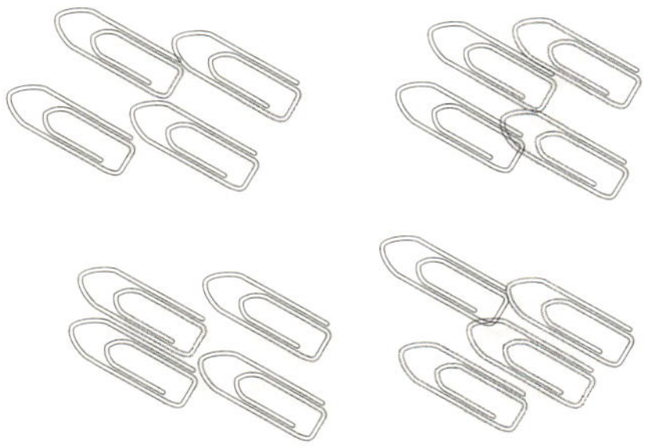

____________ = ____

____________ = ____

____________ = ____

____________ = ____

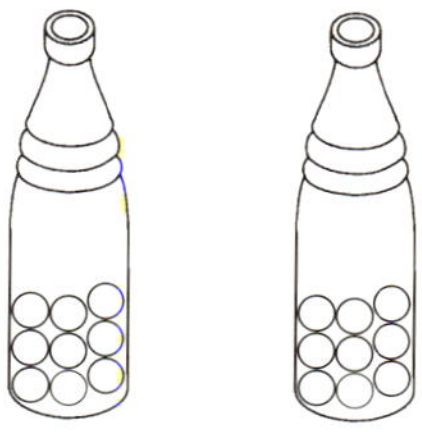

____________ = ____

____________ = ____

____________ = ____

____________ = ____

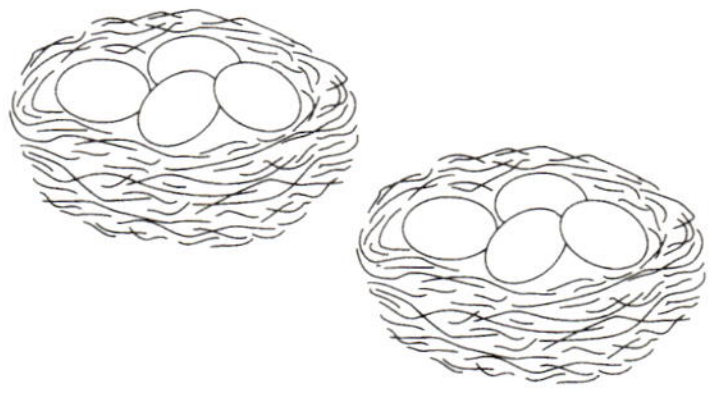

____________ = ____

____________ = ____

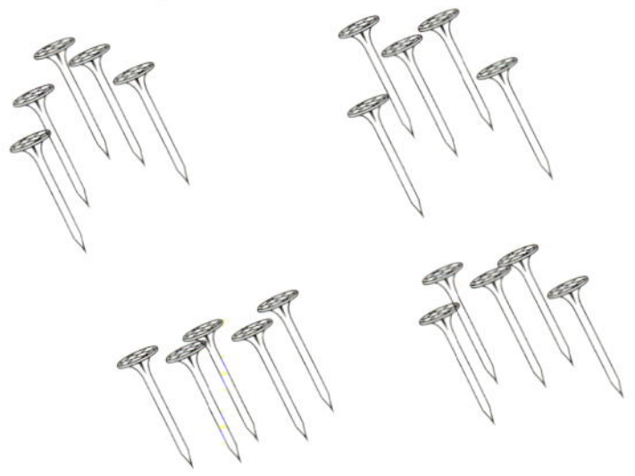

____________ = ____

____________ = ____

____________ = ____

____________ = ____

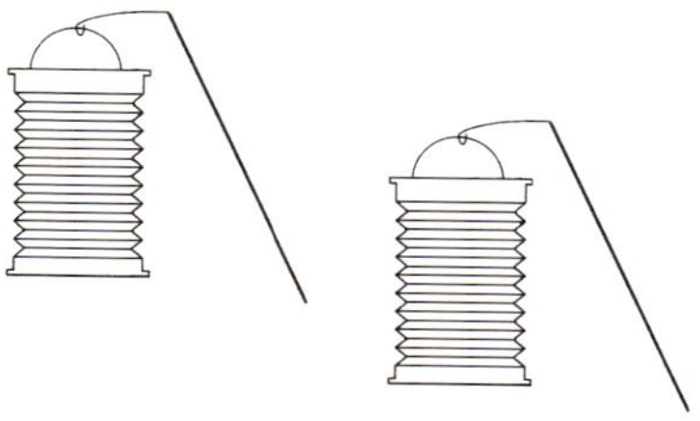

____________ = ____

____________ = ____

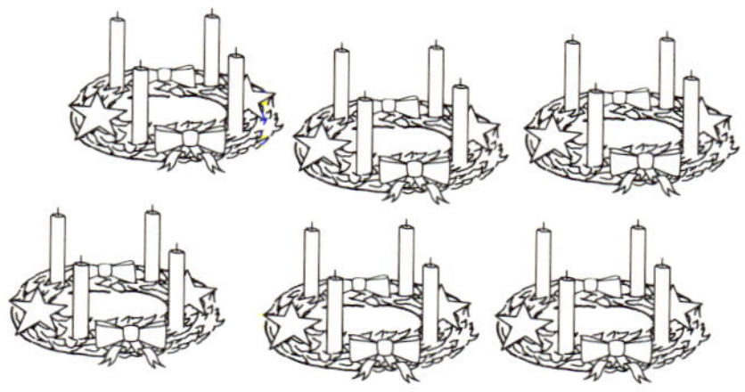

____________ = ____

____________ = ____

P. Schön/A. Pogoda Saam: Den Zahlenraum bis 100 aktiv entdecken

Name: Datum:

Wir finden Plus- und Malaufgaben

- Schreibe zu jedem Bild die Plus- und Malaufgabe!

$8 + 8 + 8 =$ ____

$3 \cdot 8 =$ ____

____ + ____ + ____ + ____ = ____

____ · ____ = ____

______________ = ____

__________ = ____

______________ = ____

__________ = ____

______________ = ____

__________ = ____

______________ = ____

__________ = ____

______________ = ____

__________ = ____

______________ = ____

__________ = ____

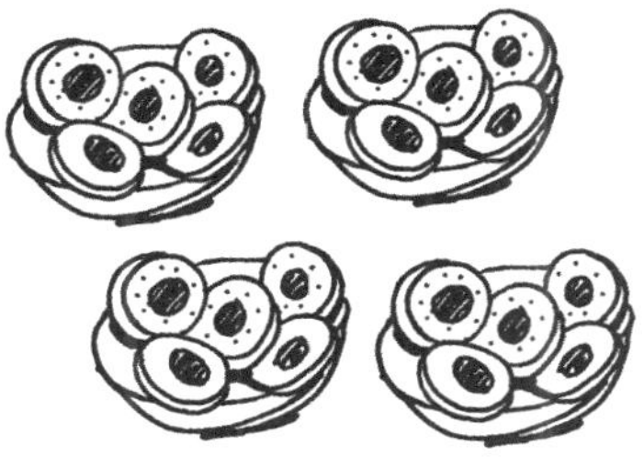

______________ = ____

__________ = ____

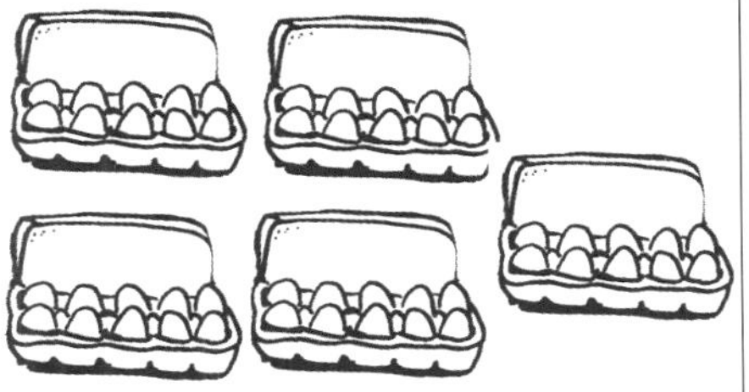

______________ = ____

__________ = ____

______________ = ____

__________ = ____

Name: Datum:

Malaufgabe mit Plättchen

① Lege die Malaufgabe mit Plättchen. Male und schreibe die Plusaufgabe auf!

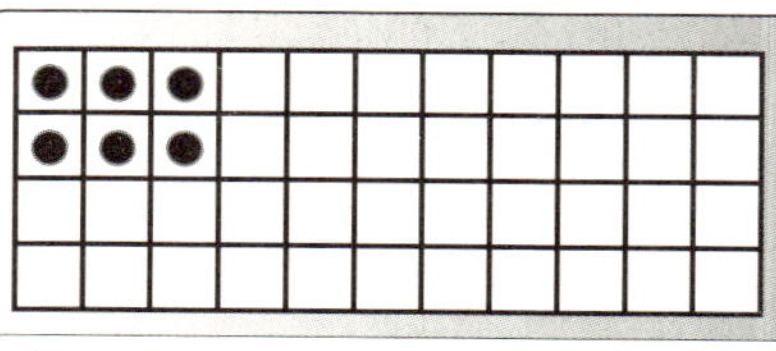

2 • 3 =

3 + 3 =

4 • 4 =

3 • 7 =

1 • 8 =

3 • 6 =

3 • 2 =

② Finde eigene Malaufgaben! Male und schreibe die Mal- und Plusaufgabe auf!

③ Wie heißt die Malaufgabe? Schreibe die Mal- und Plusaufgabe auf!

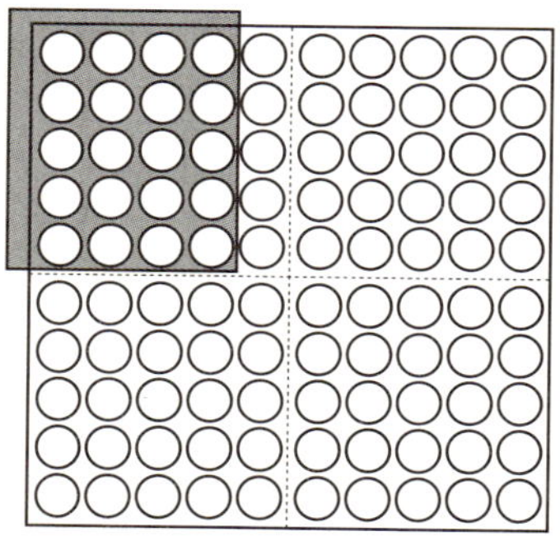

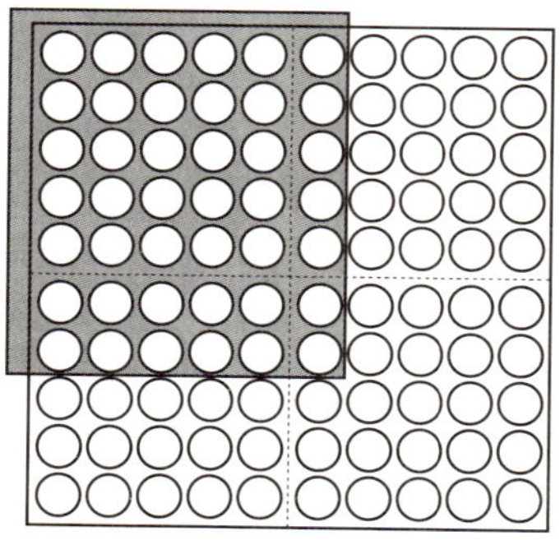

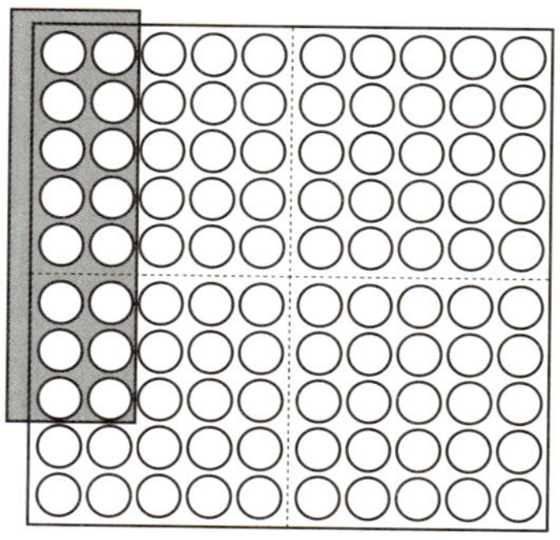

Name: Datum:

Einmaleins-Kernaufgaben mit 10

① Rechne die Plusaufgaben aus! Schreibe die richtigen Malaufgaben daneben!

Plusaufgabe	Malaufgabe
10 + 10 =	2 • 10 =
10 + 10 + 10 =	
10 + 10 + 10 + 10 =	
10 + 10 + 10 + 10 + 10 =	
10 + 10 + 10 + 10 + 10 + 10 =	
10 + 10 + 10 + 10 + 10 + 10 + 10 =	
10 + 10 + 10 + 10 + 10 + 10 + 10 + 10 =	
10 + 10 + 10 + 10 + 10 + 10 + 10 + 10 + 10 =	
10 + 10 + 10 + 10 + 10 + 10 + 10 + 10 + 10 + 10 =	

② Wie heißt die Malaufgabe? Schreibe auf und rechne!

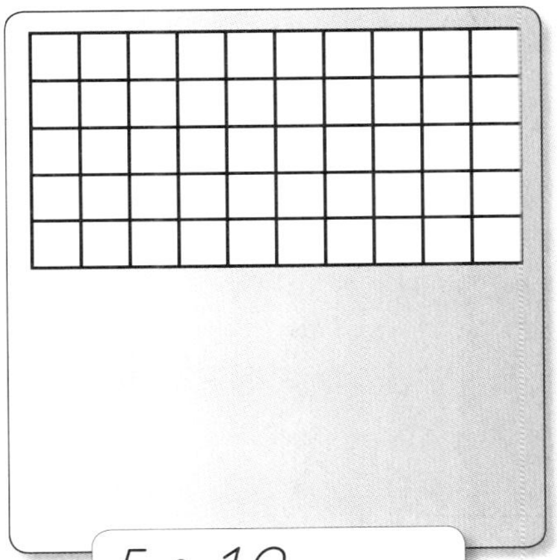
5 • 10 =

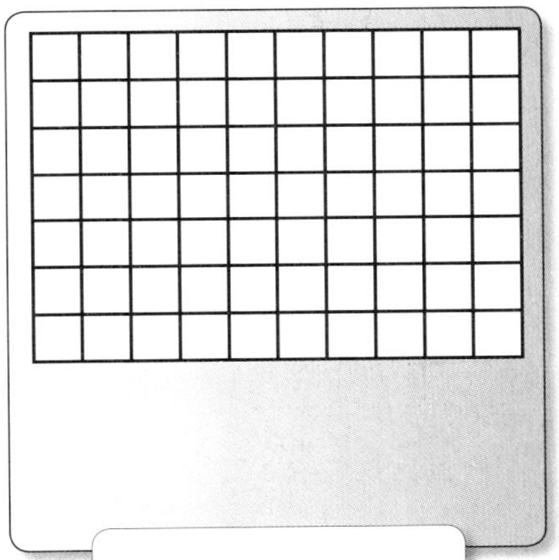

③ Male entsprechend viele Kästchen an und rechne!

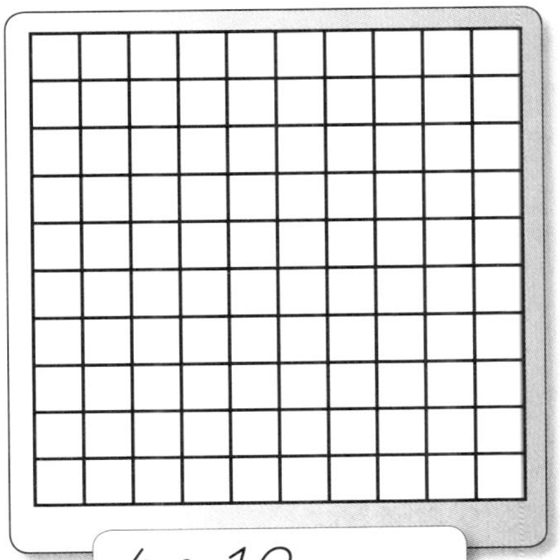
4 • 10 =

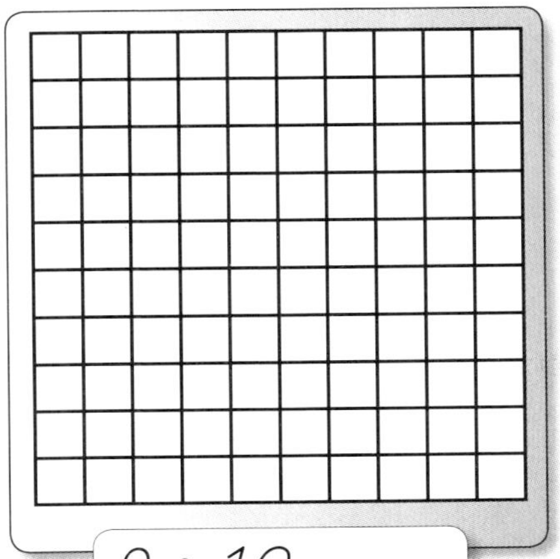
9 • 10 =

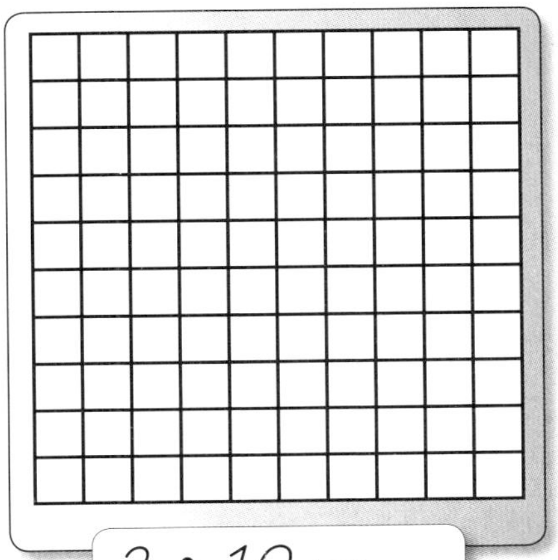
2 • 10 =

Einmaleins-Kernaufgaben mit 2

① Rechne die Plusaufgaben aus! Schreibe die richtigen Malaufgaben daneben!

Plusaufgabe	Malaufgabe
2 + 2 =	2 • 2 =
2 + 2 + 2 =	
2 + 2 + 2 + 2 =	
2 + 2 + 2 + 2 + 2 =	
2 + 2 + 2 + 2 + 2 + 2 =	
2 + 2 + 2 + 2 + 2 + 2 + 2 =	
2 + 2 + 2 + 2 + 2 + 2 + 2 + 2 =	
2 + 2 + 2 + 2 + 2+ 2 + 2 + 2 + 2 =	
2 + 2 + 2 + 2 + 2 + 2 + 2 + 2 + 2 + 2 =	

② Wie heißt die Malaufgabe? Schreibe auf und rechne!

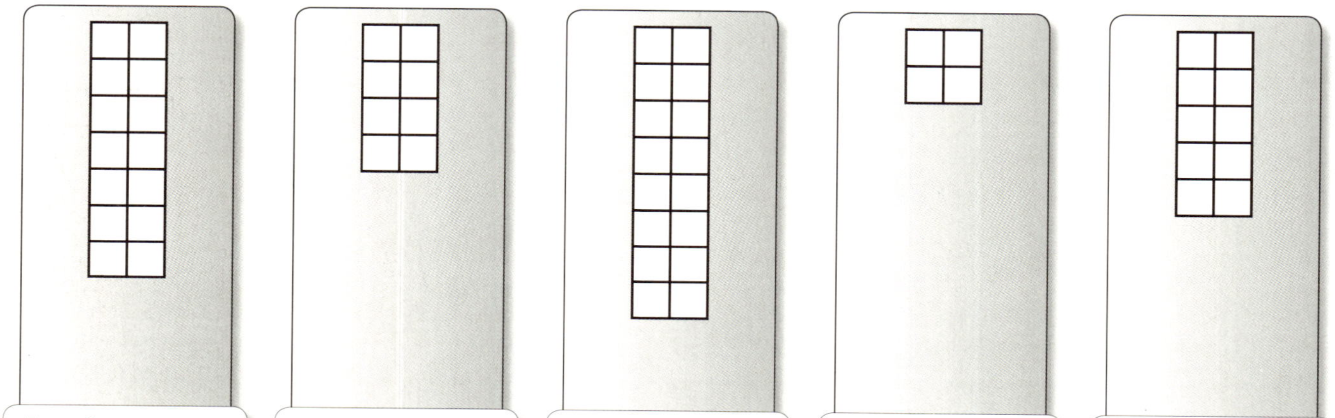

7 • 2 =

③ Male entsprechend viele Kästchen an und rechne!

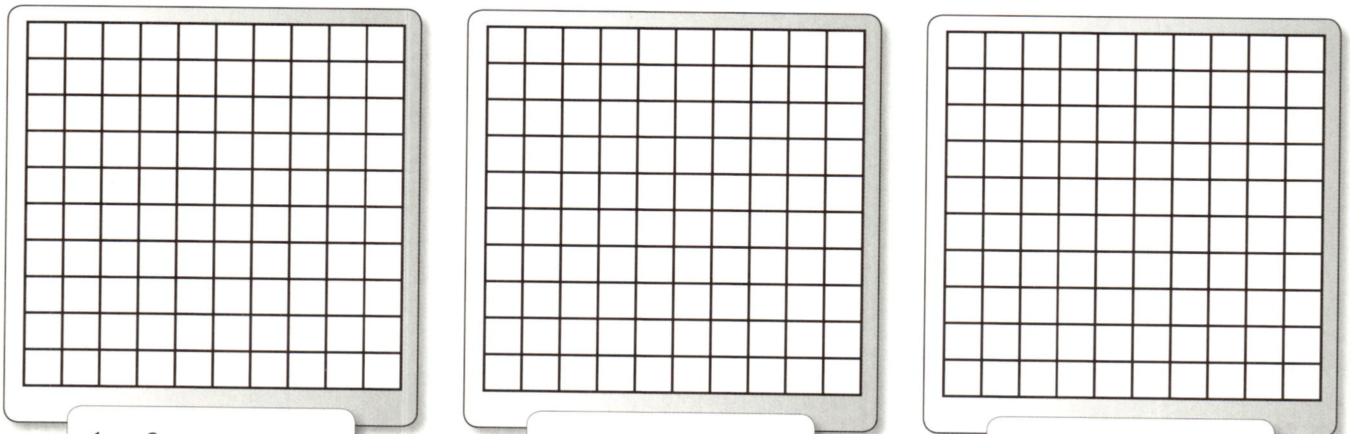

1 • 2 =

10 • 2 =

3 • 2 =

Name: Datum:

Einmaleins-Kernaufgaben mit 5

① Rechne die Plusaufgaben aus! Schreibe die richtigen Malaufgaben daneben!

Plusaufgabe	Malaufgabe
5 + 5 =	2 • 5 =
5 + 5 + 5 =	
5 + 5 + 5 + 5 =	
5 + 5 + 5 + 5 + 5 =	
5 + 5 + 5 + 5 + 5 + 5 =	
5 + 5 + 5 + 5 + 5 + 5 + 5 =	
5 + 5 + 5 + 5 + 5 + 5 + 5 + 5 =	
5 + 5 + 5 + 5 + 5+ 5 + 5 + 5 + 5 =	
5 + 5 + 5 + 5 + 5 + 5 + 5 + 5 + 5 + 5 =	

② Wie heißt die Malaufgabe? Schreibe auf und rechne!

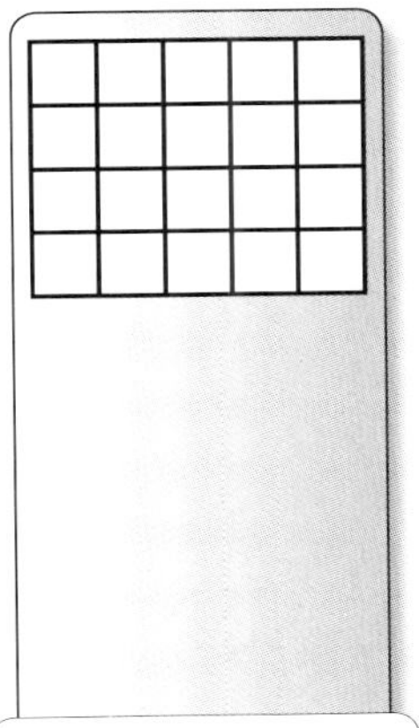
4 • 5 =

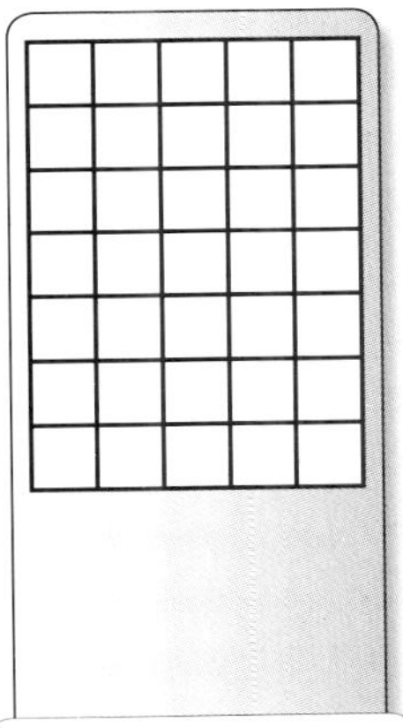

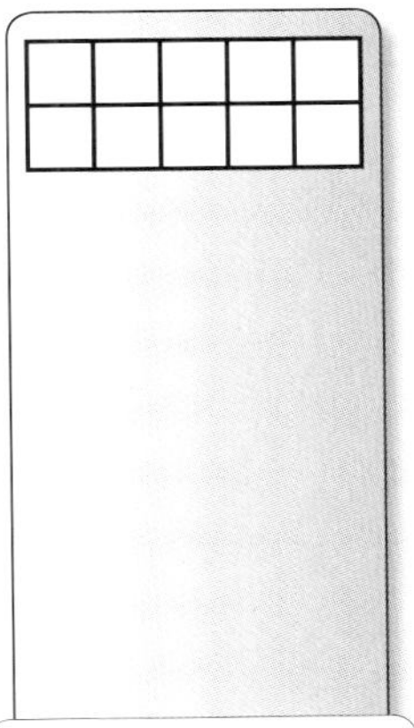

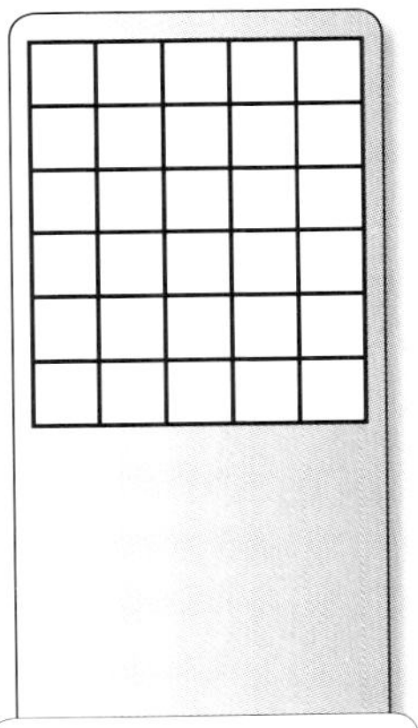

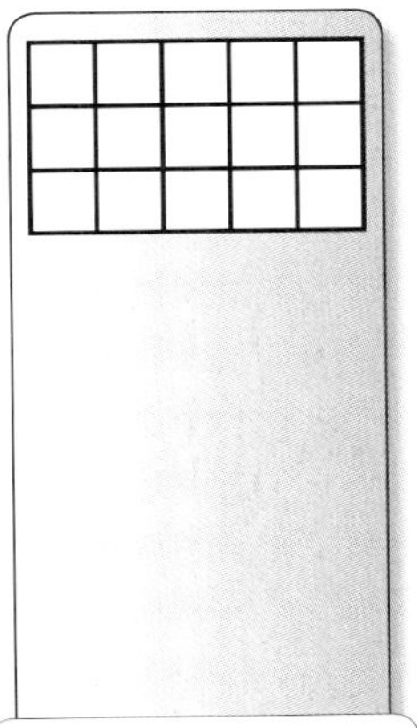

③ Male entsprechend viele Kästchen an und rechne!

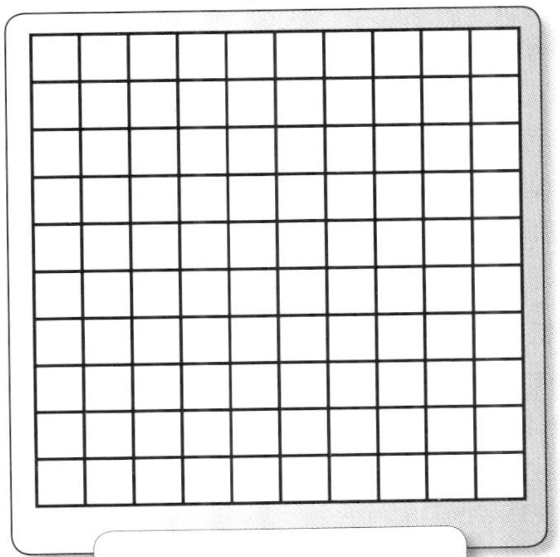
8 • 5 =

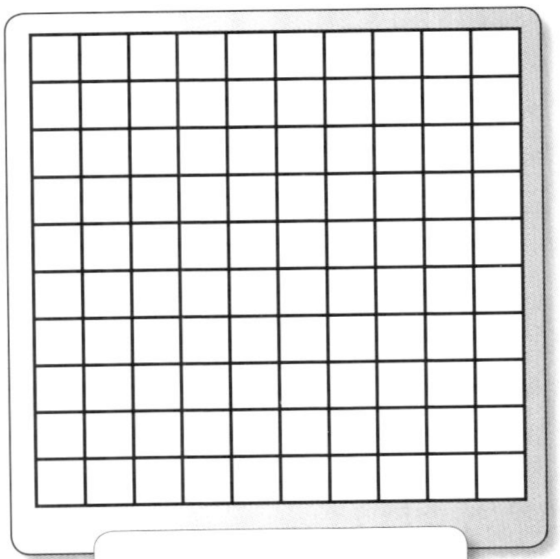
5 • 5 =

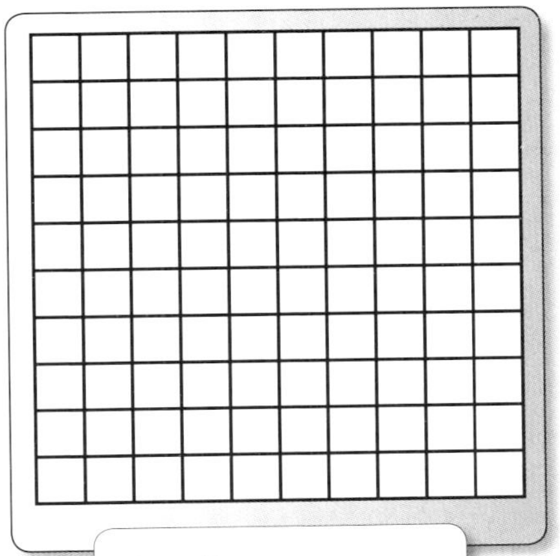
3 • 5 =

Einmaleins-Plan: 3er-, 6er-, 9er-Reihe

Die Kernaufgaben helfen dir, andere Einmaleins-Aufgaben auszurechnen:

Ich weiß:

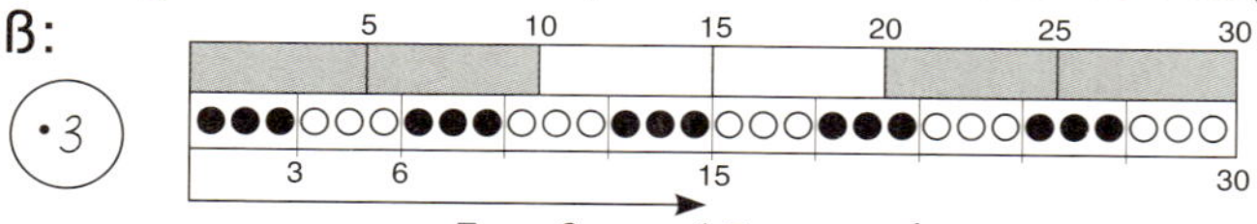

5 · 3 = 15 (Tauschaufgabe 3 · 5)

3 + 3 + 3 + 3 + 3 = 15

Ich rechne mithilfe der Kernaufgabe!

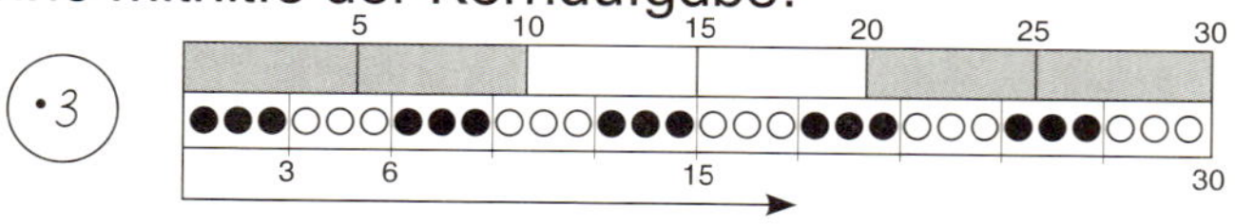

6 · 3 = 18

3 + 3 + 3 + 3 + 3 + 3 = 18 (1 · 3 mehr)

① Schau in die 3er-Reihe und rechne!

Ich weiß:			
1 · 3 =	2 · 3 =	5 · 3 =	10 · 3 =
2 · 3 =	3 · 3 =	6 · 3 =	9 · 3 =
5 · 3 =	5 · 3 =	5 · 3 =	10 · 3 =
10 · 3 =	4 · 3 =	7 · 3 =	8 · 3 =

② Schau in die 6er-Reihe und rechne!

Ich weiß:			
1 · 6 =	2 · 6 =	5 · 6 =	10 · 6 =
2 · 6 =	3 · 6 =	6 · 6 =	9 · 6 =
5 · 6 =	5 · 6 =	5 · 6 =	10 · 6 =
10 · 6 =	4 · 6 =	7 · 6 =	8 · 6 =

③ Schau in die 9er-Reihe und rechne!

Ich weiß:			
1 · 9 =	2 · 9 =	5 · 9 =	10 · 9 =
2 · 9 =	3 · 9 =	6 · 9 =	9 · 9 =
5 · 9 =	5 · 9 =	5 · 9 =	10 · 9 =
10 · 9 =	4 · 9 =	7 · 9 =	8 · 9 =

Name: Datum:

Einmaleins-Plan: 4er-, 7er-, 8er-Reihe

Die Kernaufgaben helfen dir, andere Einmaleins-Aufgaben auszurechnen:

Ich weiß:

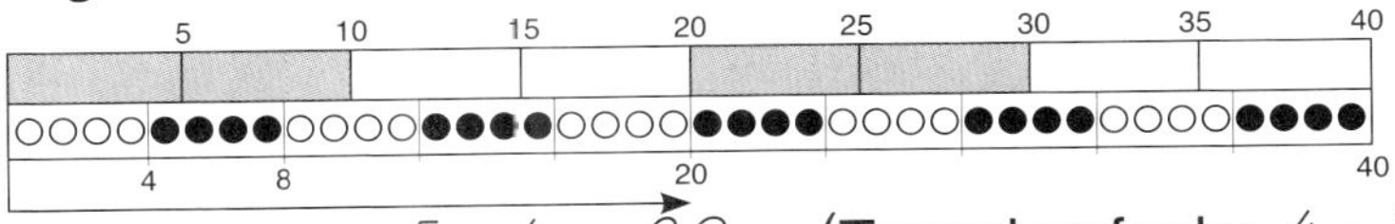

5 · 4 = 20 (Tauschaufgabe 4 · 5)

4 + 4 + 4 + 4 + 4 = 20

Ich rechne mithilfe der Kernaufgabe!

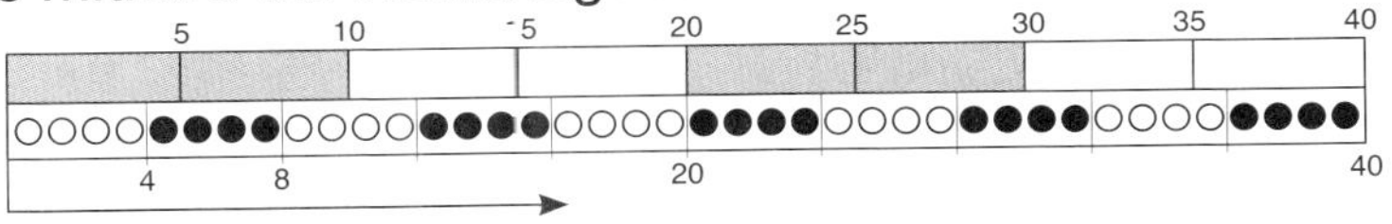

4 · 4 = 16

4 + 4 + 4 + 4 = 16 (1 · 4 weniger)

① Schau in die 4er-Reihe und rechne!

Ich weiß:			
1 · 4 =	2 · 4 =	5 · 4 =	10 · 4 =
2 · 4 =	3 · 4 =	6 · 4 =	9 · 4 =
5 · 4 =	5 · 4 =	5 · 4 =	10 · 4 =
10 · 4 =	4 · 4 =	7 · 4 =	8 · 4 =

② Schau in die 7er-Reihe und rechne!

Ich weiß:			
1 · 7 =	2 · 7 =	5 · 7 =	10 · 7 =
2 · 7 =	3 · 7 =	6 · 7 =	9 · 7 =
5 · 7 =	5 · 7 =	5 · 7 =	10 · 7 =
10 · 7 =	4 · 7 =	7 · 7 =	8 · 7 =

③ Schau in die 8er-Reihe und rechne!

Ich weiß:			
1 · 8 =	2 · 8 =	5 · 8 =	10 · 8 =
2 · 8 =	3 · 8 =	6 · 8 =	9 · 8 =
5 · 8 =	5 · 8 =	5 · 8 =	10 · 8 =
10 · 8 =	4 · 8 =	7 · 8 =	8 · 8 =

Name: Datum:

Quadratzahlen

- Male und rechne!

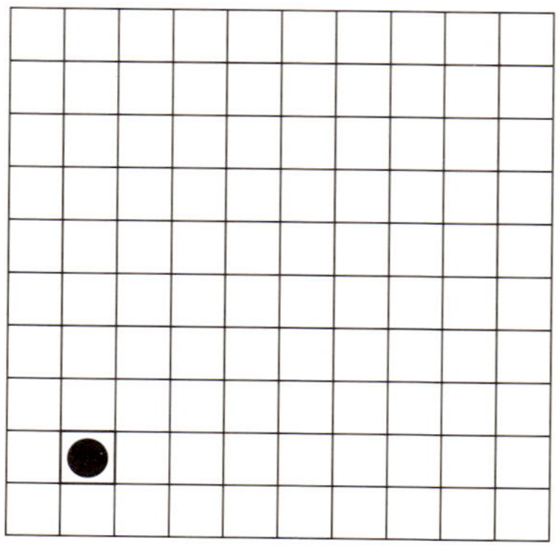

$1 \cdot 1 =$

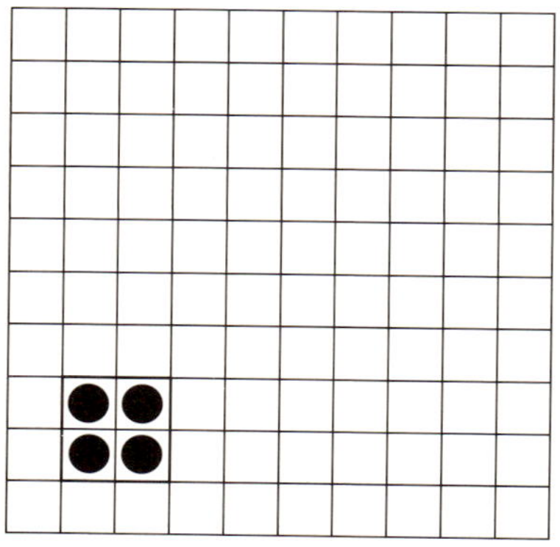

$2 \cdot 2 =$

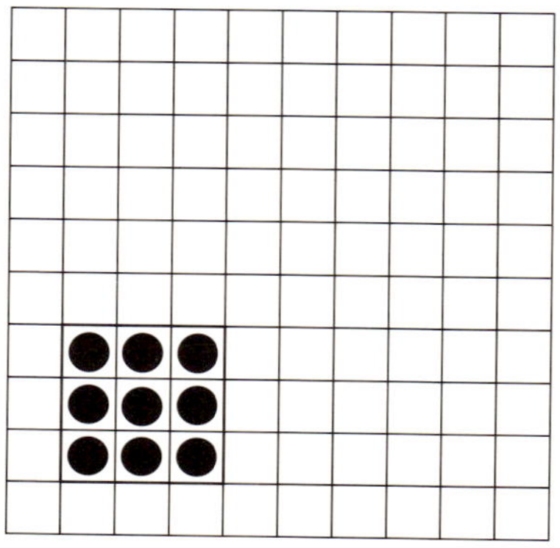

$3 \cdot 3 =$

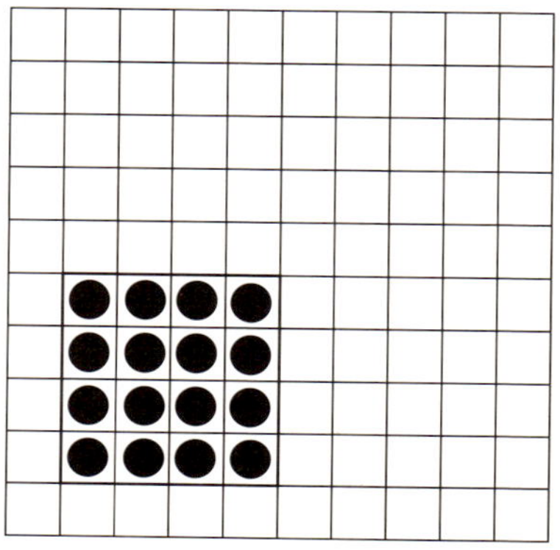

$4 \cdot 4 =$

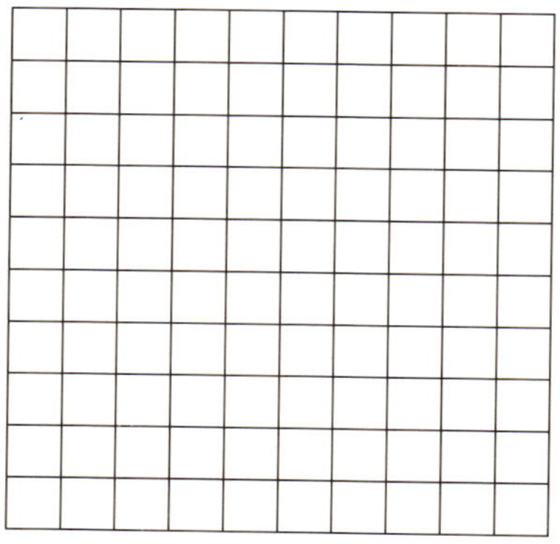

$5 \cdot 5 =$

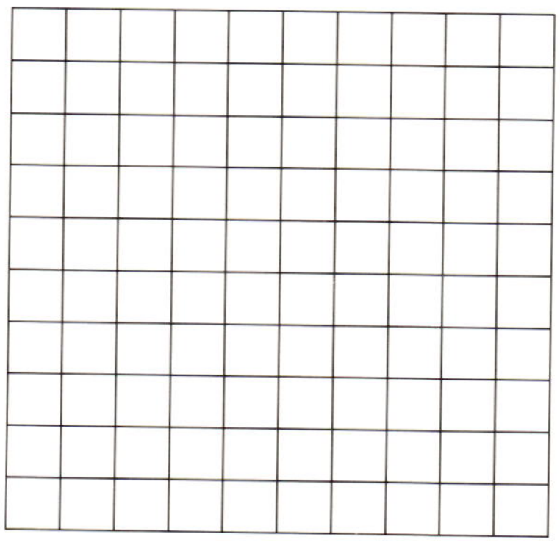

$6 \cdot 6 =$

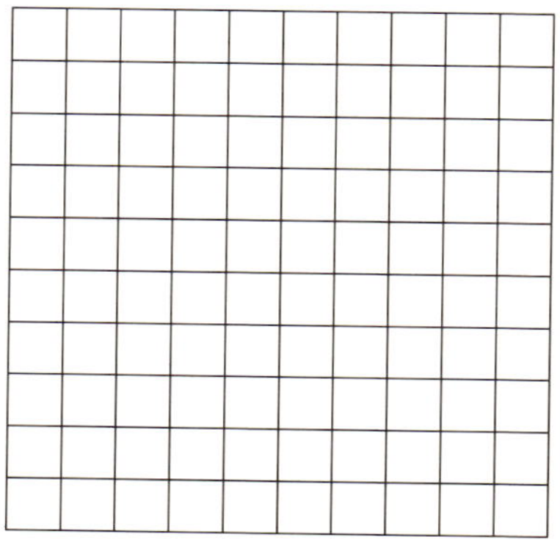

$7 \cdot 7 =$

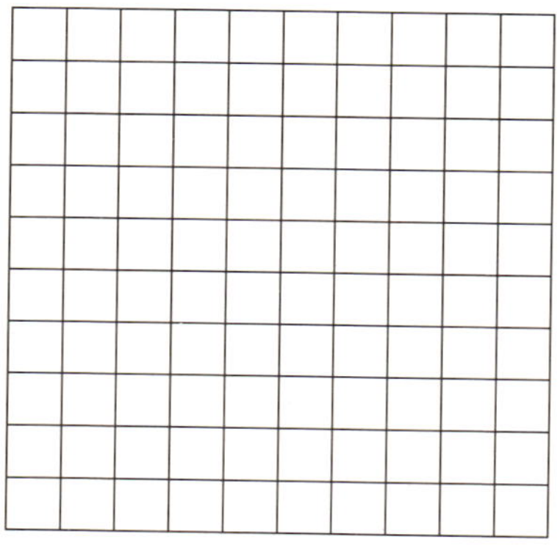

$8 \cdot 8 =$

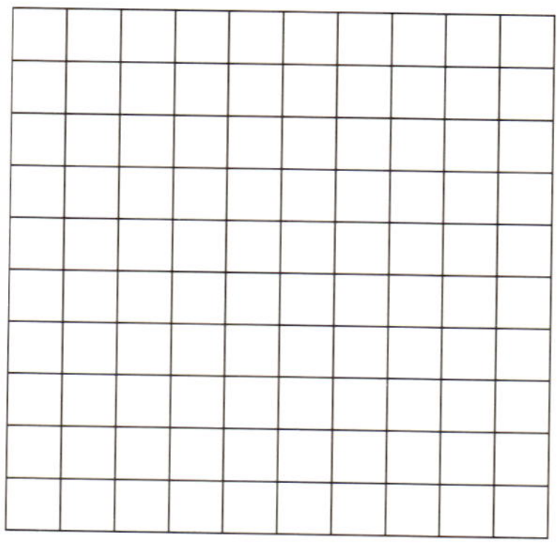

$9 \cdot 9 =$

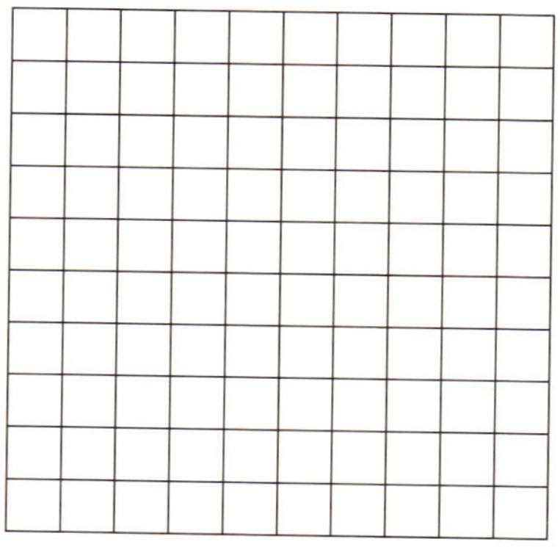

$10 \cdot 10 =$

P. Schön/A. Pogoda Saam: Den Zahlenraum bis 100 aktiv entdecken

Name: Datum:

Einmaleins-Quadrataufgaben

① Rechne die Plusaufgaben aus! Schreibe die richtigen Malaufgaben daneben!
Was fällt dir bei den Malaufgaben auf?

Plusaufgabe	Malaufgabe
1 + 1 =	1 • 1 =
2 + 2 =	
3 + 3 + 3 =	
4 + 4 + 4 + 4 =	
5 + 5 + 5 + 5 + 5 =	
6 + 6 + 6 + 6 + 6 + 6 =	
7 + 7 + 7 + 7 + 7 + 7 + 7 =	
8 + 8 + 8 + 8 + 8 + 8 + 8 + 8 =	
9 + 9 + 9 + 9 + 9 + 9 + 9 + 9 + 9 =	
10 + 10 + 10 + 10 + 10 + 10 + 10 + 10 + 10 + 10 =	

Merke:
Werden zwei gleiche Zahlen miteinander Mal genommen, heißen sie **Quadratzahlen**!

② Wie heißt die Malaufgabe? Was fällt dir auf?
Schreibe auf und rechne!

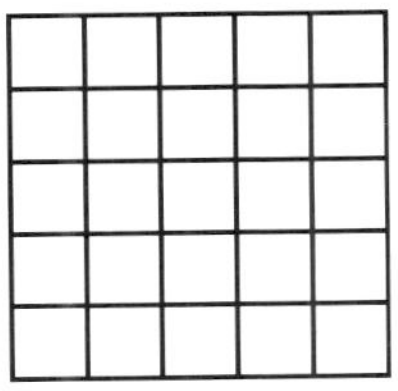

5 • 5 =

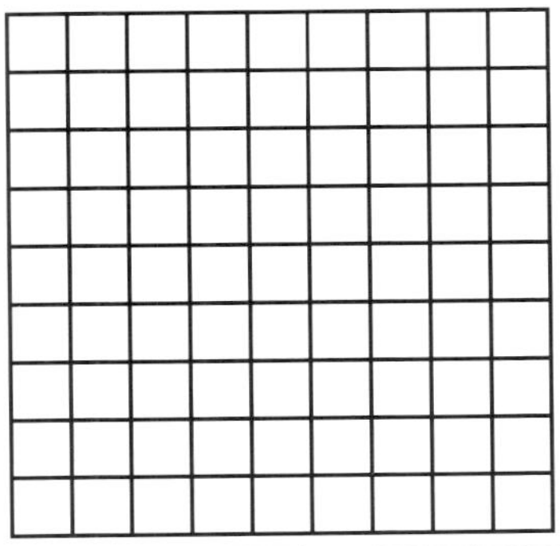

 • =

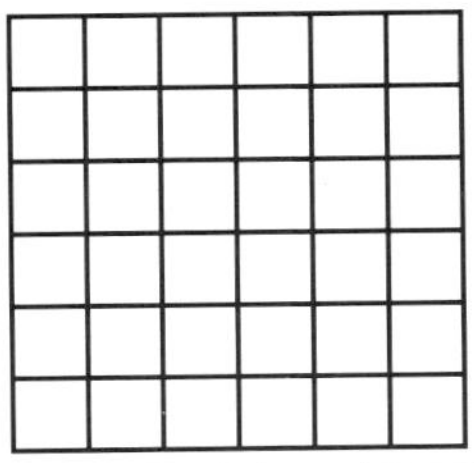

 • =

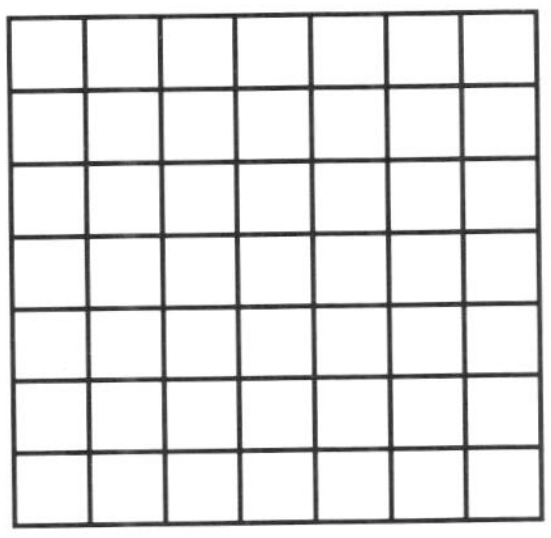

 • =

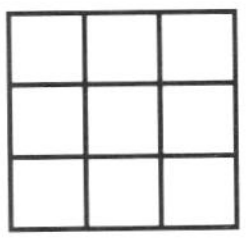

 • =

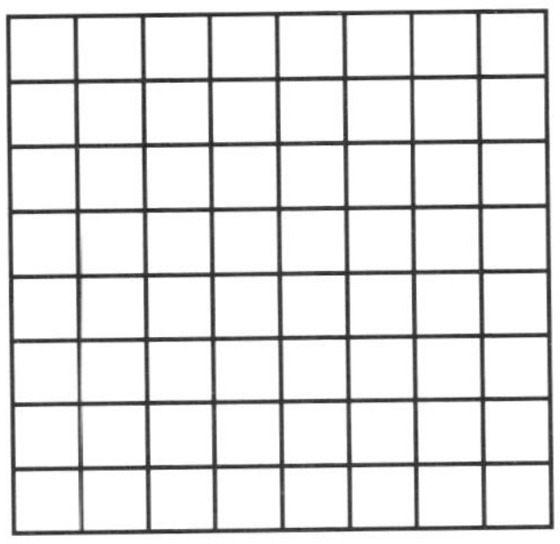

 • =

Einmaleins-Tafel

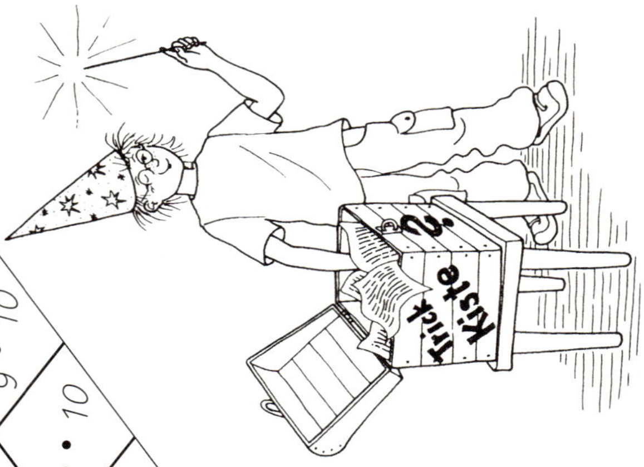

1 • 1	1 • 2	1 • 3	1 • 4	1 • 5	1 • 6	1 • 7	1 • 8	1 • 9	1 • 10
2 • 1	2 • 2	2 • 3	2 • 4	2 • 5	2 • 6	2 • 7	2 • 8	2 • 9	2 • 10
3 • 1	3 • 2	3 • 3	3 • 4	3 • 5	3 • 6	3 • 7	3 • 8	3 • 9	3 • 10
4 • 1	4 • 2	4 • 3	4 • 4	4 • 5	4 • 6	4 • 7	4 • 8	4 • 9	4 • 10
5 • 1	5 • 2	5 • 3	5 • 4	5 • 5	5 • 6	5 • 7	5 • 8	5 • 9	5 • 10
6 • 1	6 • 2	6 • 3	6 • 4	6 • 5	6 • 6	6 • 7	6 • 8	6 • 9	6 • 10
7 • 1	7 • 2	7 • 3	7 • 4	7 • 5	7 • 6	7 • 7	7 • 8	7 • 9	7 • 10
8 • 1	8 • 2	8 • 3	8 • 4	8 • 5	8 • 6	8 • 7	8 • 8	8 • 9	8 • 10
9 • 1	9 • 2	9 • 3	9 • 4	9 • 5	9 • 6	9 • 7	9 • 8	9 • 9	9 • 10
10 • 1	10 • 2	10 • 3	10 • 4	10 • 5	10 • 6	10 • 7	10 • 8	10 • 9	10 • 10

Name:

Datum:

Einmaleins-Tafel

Schau dir die Einmaleinstafel genau an!
Welche Aufgaben fehlen?
Ergänze die Aufgaben!

1 • 1	1 • 2		1 • 4	1 • 5		1 • 7	1 • 8	1 • 9	1 • 10
	2 • 2	2 • 3	2 • 4	2 • 5	2 • 6	2 • 7		2 • 9	2 • 10
3 • 1	3 • 2		3 • 4		3 • 6	3 • 7	3 • 8	3 • 9	
4 • 1	4 • 2	4 • 3		4 • 5	4 • 6	4 • 7	4 • 8	4 • 9	4 • 10
		5 • 3	5 • 4	5 • 5	5 • 6	5 • 7		5 • 9	5 • 10
6 • 1	6 • 2	6 • 3		6 • 5	6 • 6		6 • 8	6 • 9	
7 • 1	7 • 2	7 • 3	7 • 4	7 • 5	7 • 6	7 • 7	7 • 8	7 • 9	7 • 10
	8 • 2	8 • 3	8 • 4		8 • 6	8 • 7		8 • 9	8 • 10
9 • 1	9 • 2	9 • 3	9 • 4	9 • 5	9 • 6	9 • 7	9 • 8	9 • 9	9 • 10
10 • 1		10 • 3	10 • 4		10 • 6	10 • 7	10 • 8		10 • 10

P. Schön/A. Pogoda Saam: Den Zahlenraum bis 100 aktiv entdecken

Quadrataufgaben und ihre Nachbaraufgaben

- Rechne zuerst die Quadrataufgabe aus!
  Dann male und rechne die Nachbaraufgaben! Was fällt dir auf?

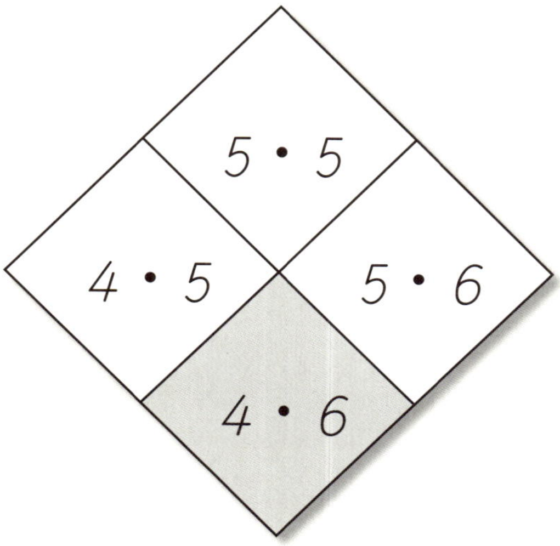

5	•	5	=	

4	•	5	=	
4	•	6	=	
5	•	6	=	

3	•	3	=	

2	•	3	=	
2	•	4	=	
3	•	4	=	

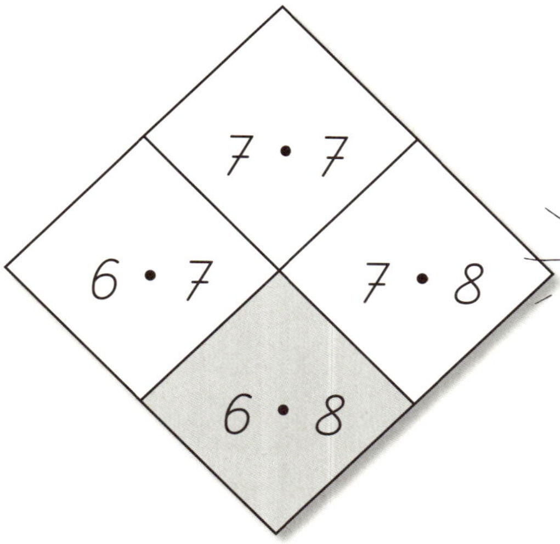

7	•	7	=	

6	•	7	=	
6	•	8	=	
7	•	8	=	

P. Schön/A. Pogoda Saam: Den Zahlenraum bis 100 aktiv entdecken

Name: Datum:

Quadrataufgaben und ihre Nachbaraufgaben

- Rechne zuerst die Quadrataufgabe aus!
  Dann male und rechne die Nachbaraufgaben! Was fällt dir auf?

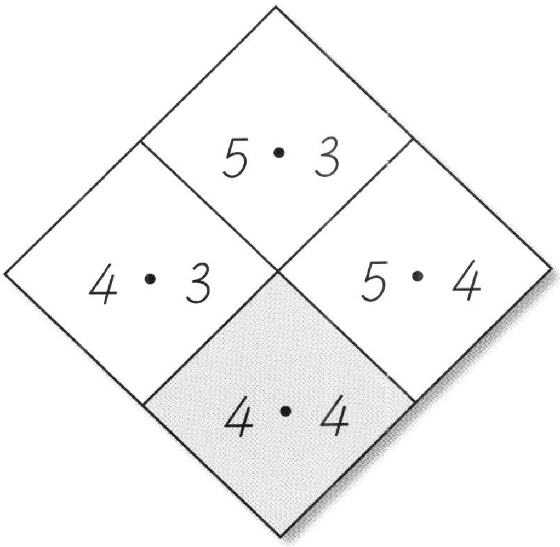

4	•	4	=	
4	•	3	=	
5	•	3	=	
5	•	4	=	

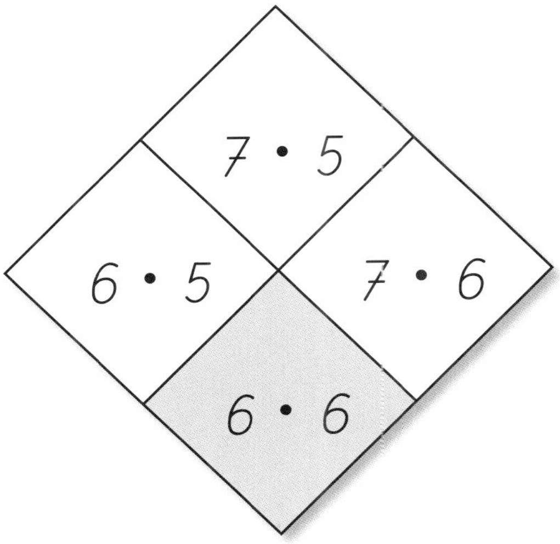

6	•	6	=	
	•		=	
	•		=	
	•		=	

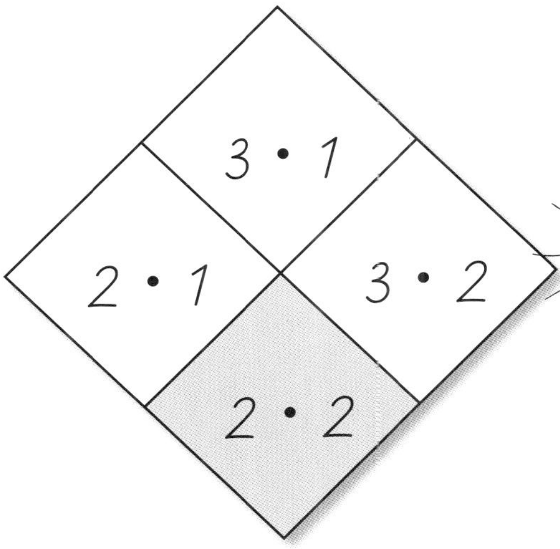

2	•	2	=	
	•		=	
	•		=	
	•		=	

Name: Datum:

Quadrataufgaben und ihre Nachbaraufgaben

- Lege die Raute an einer Quadrataufgabe an!
  Rechne zuerst die Quadrataufgabe und finde die Nachbaraufgaben heraus!
  Was fällt dir auf?

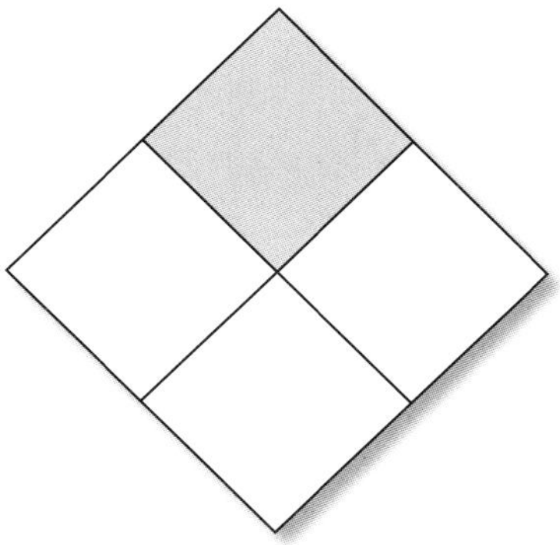

	·		=	
	·		=	
	·		=	
	·		=	

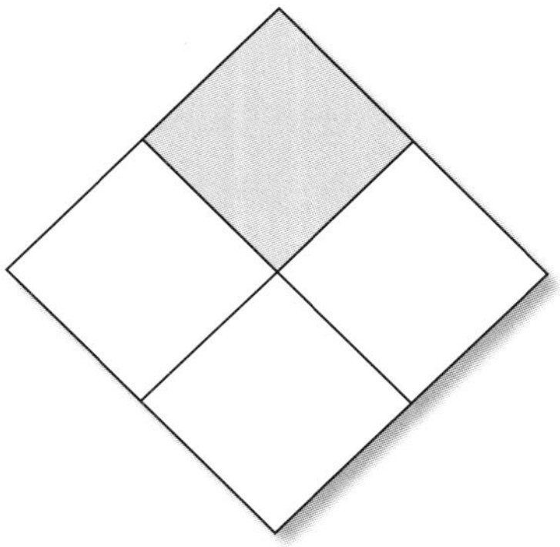

	·		=	
	·		=	
	·		=	
	·		=	

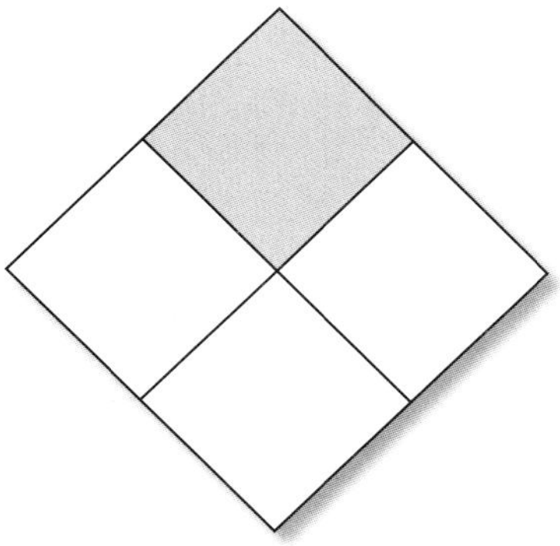

	·		=	
	·		=	
	·		=	
	·		=	

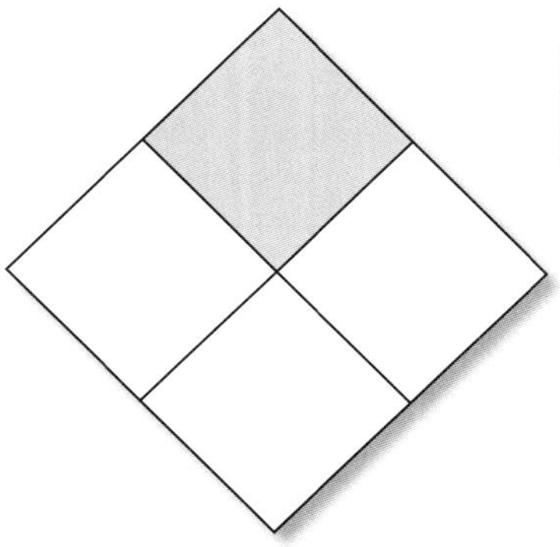

	·		=	
	·		=	
	·		=	
	·		=	

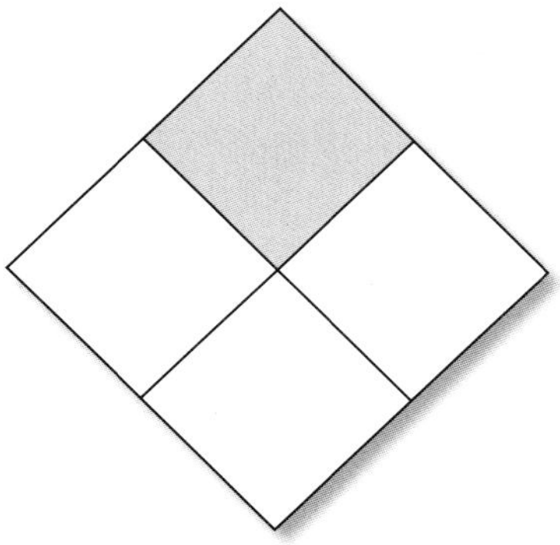

	·		=	
	·		=	
	·		=	
	·		=	

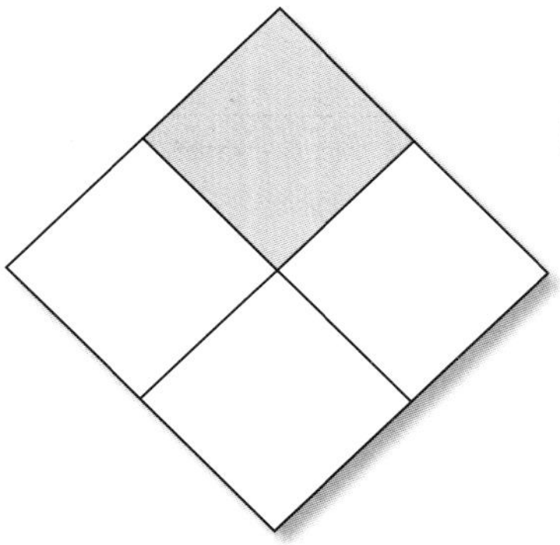

	·		=	
	·		=	
	·		=	
	·		=	

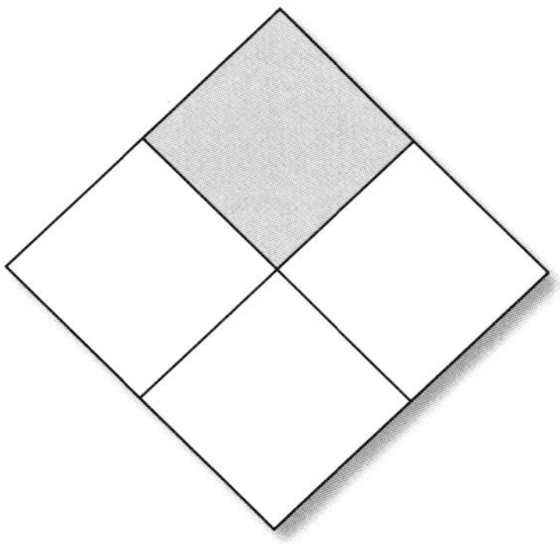

	·		=	
	·		=	
	·		=	
	·		=	

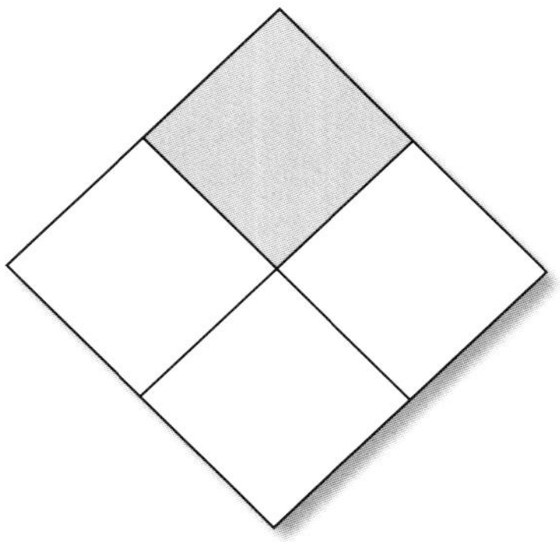

	·		=	
	·		=	
	·		=	
	·		=	

Name: Datum:

Susi und Peter teilen

• Kreise ein und rechne die Geteiltaufgabe!

16 : 2 = ☐

30 : 5 = ☐

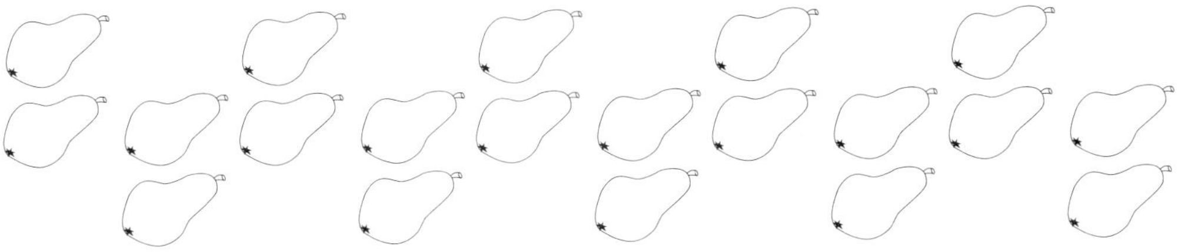

20 : 4 = ☐

42 : 6 = ☐

24 : 3 = ☐

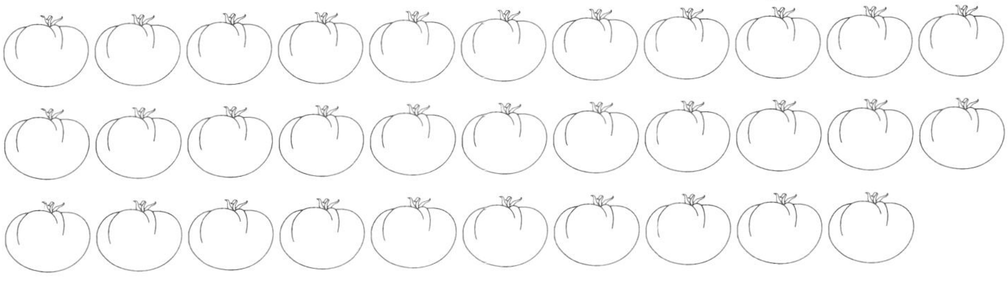

32 : 8 = ☐

Wir teilen

① Zu jeder Geteiltaufgabe gibt es eine Malaufgabe!
Kreise ein und rechne die Umkehraufgabe!

$30 : 5 = 6$

$6 \cdot 5 = \square$

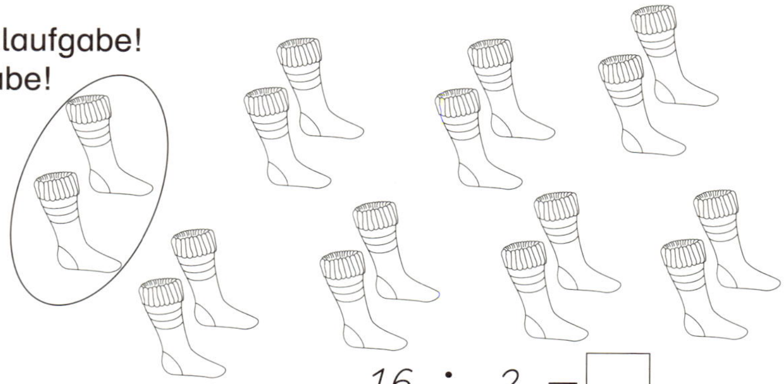

$16 : 2 = \square$

$\square \cdot 2 = \square$

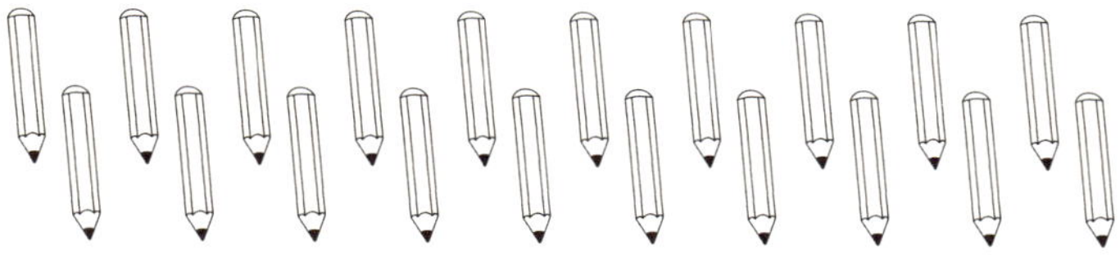

$20 : 5 = \square$

$\square \cdot 5 = \square$

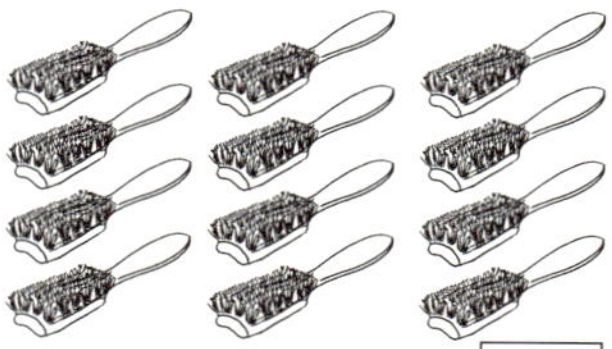

$12 : 2 = \square$

$\square \cdot 2 = \square$

② Kreise ein und schreibe zu jedem Bild eine Geteilt- und Malaufgabe!

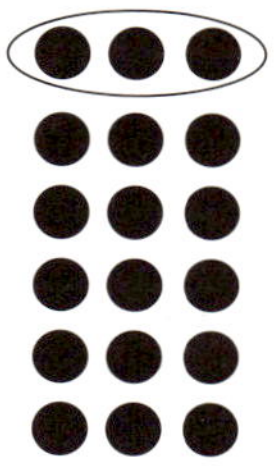

$18 : 3 = \square$

$\square \cdot 3 = \square$

$35 : 7 = \square$

$\square \cdot 7 = \square$

$32 : 4 = \square$

$\square \cdot 4 = \square$

③ Rechne die Geteilt- und Malaufgabe!
Lena hat 30 Bonbons. Immer 5 Bonbons sollen in eine Tüte.
Wie viele Tüten werden benötigt?

$\square : \square = \square$

$\square \cdot \square = \square$

Es werden ☐ Tüten benötigt.

Teilen durch 2, 5 und 10

Die Umkehraufgaben helfen dir, Geteiltaufgaben auszurechnen:

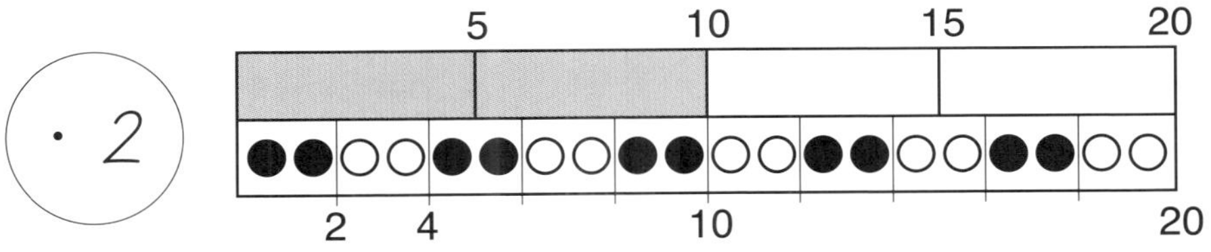

$12 : 2 = \square\square$, denn $\square\square \cdot 2 = 12$

$14 : 2 = \square\square$, denn $\square\square \cdot 2 = 14$

$10 : 2 = \square\square$, denn $\square\square \cdot 2 = 10$

$18 : 2 = \square\square$, denn $\square\square \cdot 2 = 18$

$8 : 2 = \square\square$, denn $\square\square \cdot 2 = 8$

$45 : 5 = \square\square$, denn $\square\square \cdot 5 = 45$

$25 : 5 = \square\square$, denn $\square\square \cdot 5 = 25$

$15 : 5 = \square\square$, denn $\square\square \cdot 5 = 15$

$20 : 5 = \square\square$, denn $\square\square \cdot 5 = 20$

$60 : 10 = \square\square$, denn $\square\square \cdot 10 = 60$

$80 : 10 = \square\square$, denn $\square\square \cdot 10 = 80$

$70 : 10 = \square\square$, denn $\square\square \cdot 10 = 70$

$90 : 10 = \square\square$, denn $\square\square \cdot 10 = 90$

Von Malaufgaben zu Geteiltaufgaben

Die Umkehraufgaben helfen dir, Geteiltaufgaben auszurechnen:

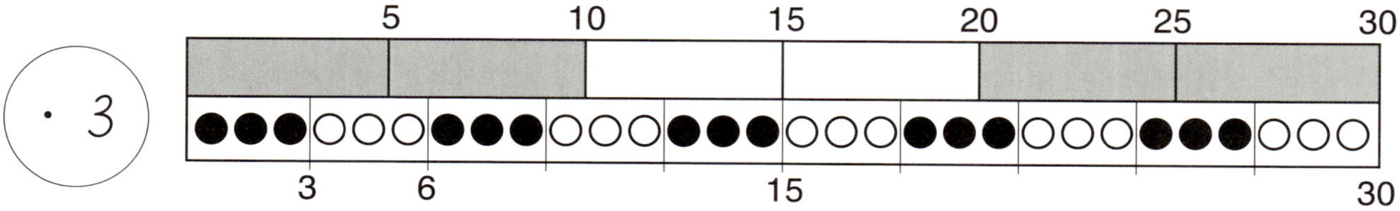

30 : 3 = ___, denn ___ · 3 = 30

15 : 3 = ___, denn ___ · 3 = 15

6 : 3 = ___, denn ___ · 3 = 6

3 : 3 = ___, denn ___ · 3 = 3

80 : 8 = ___, denn ___ · 8 = 80

40 : 8 = ___, denn ___ · 8 = 40

16 : 8 = ___, denn ___ · 8 = 16

8 : 8 = ___, denn ___ · 8 = 8

50 : 5 = ___, denn ___ · 5 = 50

25 : 5 = ___, denn ___ · 5 = 25

10 : 5 = ___, denn ___ · 5 = 10

5 : 5 = ___, denn ___ · 5 = 5

40 : 4 = ___, denn ___ · 4 = 40

20 : 4 = ___, denn ___ · 4 = 20

8 : 4 = ___, denn ___ · 4 = 8

4 : 4 = ___, denn ___ · 4 = 4

90 : 9 = ___, denn ___ · 9 = 90

45 : 9 = ___, denn ___ · 9 = 45

18 : 9 = ___, denn ___ · 9 = 18

9 : 9 = ___, denn ___ · 9 = 9

Geteiltaufgaben mit 4, 7 und 8

Die Kernaufgaben helfen dir, andere Geteiltaufgaben auszurechnen:
Ich weiß:

· 4

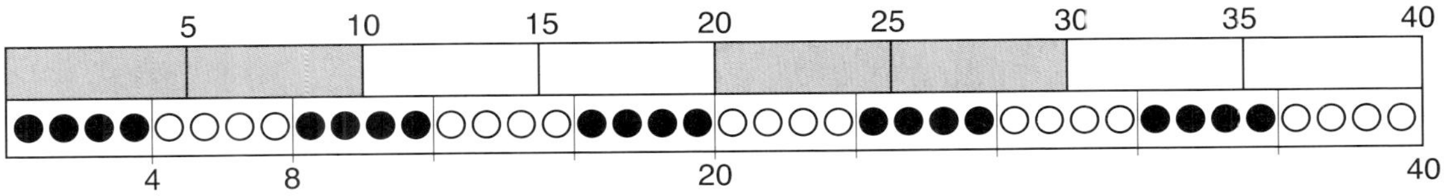

20 : 4 = 5, denn 5 · 4 = 20

Dann ist: 24 : 4 = 6, denn 6 · 4 = 24 (1 · 4 mehr)

① Schau in die 4er-Reihe und rechne!

Ich weiß:

40 : 4 =
20 : 4 =
8 : 4 =
4 : 4 =

40 : 4 =
36 : 4 =

20 : 4 =
16 : 4 =

8 : 4 =
12 : 4 =

20 : 4 =
28 : 4 =

② Schau in die 7er-Reihe und rechne!

Ich weiß:

70 : 7 =
35 : 7 =
14 : 7 =
7 : 7 =

70 : 7 =
63 : 7 =

35 : 7 =
42 : 7 =

35 : 7 =
28 : 7 =

14 : 7 =
21 : 7 =

③ Schau in die 8er-Reihe und rechne!

Ich weiß:

80 : 8 =
40 : 8 =
16 : 8 =
8 : 8 =

80 : 8 =
72 : 8 =

40 : 8 =
48 : 8 =

40 : 8 =
32 : 8 =

16 : 8 =
24 : 8 =

Geteiltaufgaben mit 3, 6 und 9

Die Kernaufgaben helfen dir, andere Geteiltaufgaben auszurechnen:
Ich weiß:

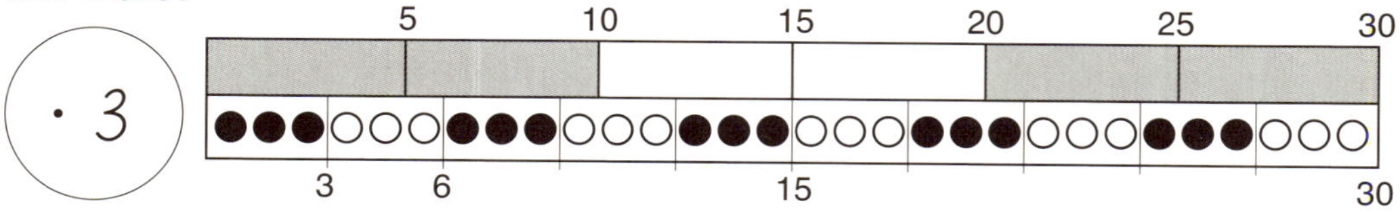

15 : 3 = 5, denn 5 · 3 = 15

Dann ist: 18 : 3 = 6, denn 6 · 3 = 18 (1 · 3 mehr)

① Schau in die 3er-Reihe und rechne!

Ich weiß:

30 : 3 =
15 : 3 =
6 : 3 =
3 : 3 =

30 : 3 =
27 : 3 =
15 : 3 =
12 : 3 =

6 : 3 =
9 : 3 =
15 : 3 =
21 : 3 =

② Schau in die 6er-Reihe und rechne!

Ich weiß:

60 : 6 =
30 : 6 =
12 : 6 =
6 : 6 =

60 : 6 =
54 : 6 =
30 : 6 =
36 : 6 =

12 : 6 =
18 : 6 =
30 : 6 =
24 : 6 =

③ Schau in die 9er-Reihe und rechne!

Ich weiß:

90 : 9 =
45 : 9 =
18 : 9 =
9 : 9 =

90 : 9 =
81 : 9 =
45 : 9 =
54 : 9 =

45 : 9 =
36 : 9 =
18 : 9 =
27 : 9 =

P. Schön/A. Pogoda Saam: Den Zahlenraum bis 100 aktiv entdecken

Name: Datum:

Einmaleins-Übungen

① Schreibe zu den Bildern die Plus- und Malaufgabe!

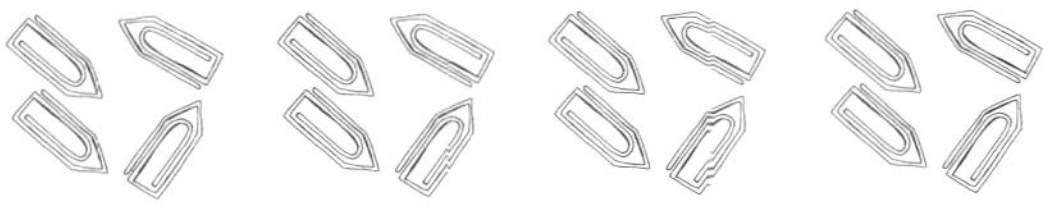

+ ____________________

· ____________________

+ ____________________

· ____________________

+ ____________________

· ____________________

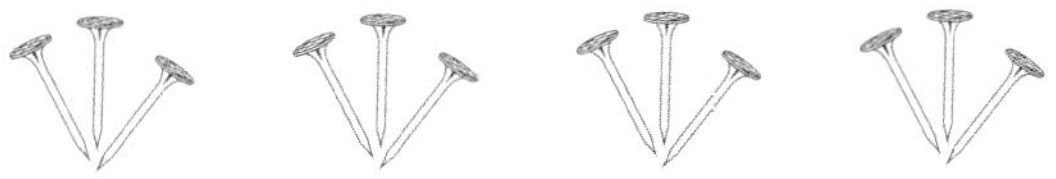

+ ____________________

· ____________________

② Rechne die Kernaufgaben aus!

8 · 5 =	6 · 2 =	4 · 10 =	5 · 2 =
7 · 5 =	9 · 2 =	8 · 10 =	6 · 5 =
4 · 5 =	3 · 2 =	3 · 10 =	3 · 2 =
2 · 5 =	4 · 2 =	6 · 10 =	8 · 5 =

③ Rechne die Einmaleinsaufgaben mithilfe der Kernaufgaben aus!

5 · 4 =	5 · 4 =	10 · 4 =	2 · 4 =
4 · 4 =	6 · 4 =	9 · 4 =	3 · 4 =
5 · 6 =	5 · 6 =	10 · 6 =	2 · 6 =
4 · 6 =	6 · 6 =	9 · 6 =	3 · 6 =
5 · 8 =	5 · 8 =	10 · 8 =	2 · 8 =
4 · 8 =	6 · 8 =	9 · 8 =	3 · 8 =

④ Finde die passenden Einmaleinsaufgaben!

30	18	24	36

Name: Datum:

Einmaleins-Mauern

- Rechne mithilfe des Einmaleins-Plans die Aufgaben aus!

P. Schön/A. Pogoda Saam: Den Zahlenraum bis 100 aktiv entdecken

Name: Datum:

Kopfrechen-Hausaufgaben

Jemand klopft dir täglich 8 Zahlen! Schreibe sie in das Zahlenhaus!
Klopfe Zahlen bis 100 folgendermaßen: (Es gibt immer mehrere Möglichkeiten zu klopfen!)

Zehner = mit beiden Händen auf die Oberschenkel patschen
Einer = in die Hände klatschen
Fünfer = mit einer Hand auf den Oberschenkel patschen
Fünfzig = mit einem Fuß stampfen

z. B. *38*
3-mal mit beiden Händen auf die Oberschenkel patschen
1-mal mit einer Hand auf den Oberschenkel patschen
3-mal in die Hände klatschen

	1	2	3	4	5	6	7	8	Unterschrift:
Montag:									
Dienstag:									
Mittwoch:									
Donnerstag:									
Freitag:									

2

Name: Datum:

Kopfrechen-Hausaufgaben

Wie viel Zehner und Einer sind abgedeckt? Wie heißt die Zahl?
Lasse dir täglich 8 Zahlen mit dem Zahlwinkel (Folie) auf der 100er-Tafel zeigen oder lasse dir 8 Zahlen sagen und decke mit dem Zahlwinkel ab!

z. B. *38*

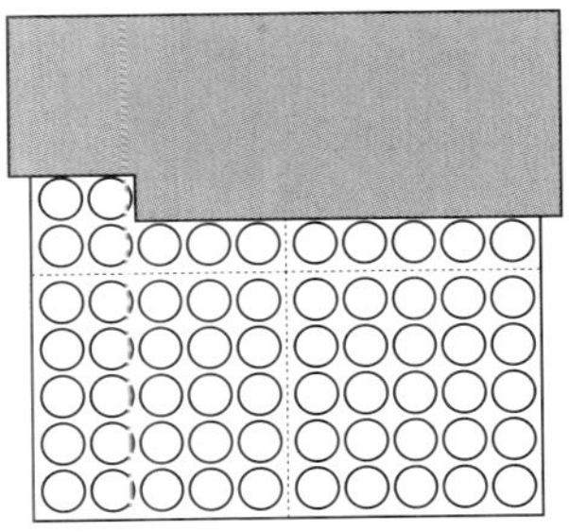

	1	2	3	4	5	6	7	8	Unterschrift:
Montag:									
Dienstag:									
Mittwoch:									
Donnerstag:									
Freitag:									

Name: Datum: **2**

Kopfrechen-Hausaufgaben

Nimm dein Hunderterfeld! Lasse dir täglich 5 Zahlen sagen und lege sie mit den Zehnerstreifen und Einern hin! Nenne die Zerlegungsaufgabe in Zehnern und Einern!

z. B. *36*

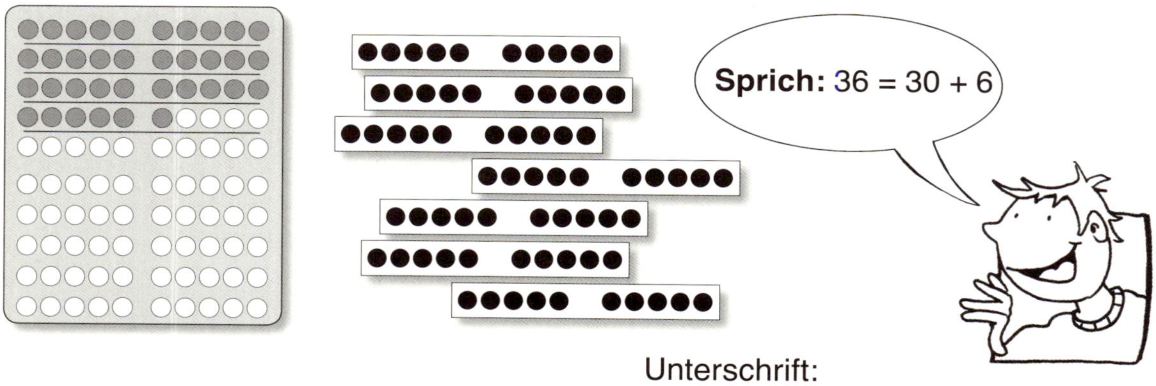

						Unterschrift:
Montag:	1	2	3	4	5	
Dienstag:	1	2	3	4	5	
Mittwoch:	1	2	3	4	5	
Donnerstag:	1	2	3	4	5	
Freitag:	1	2	3	4	5	

Name: Datum: **2**

Kopfrechen-Hausaufgaben

Lasse dir täglich 5 Zahlen sagen. Nenne die Zerlegungsaufgabe in Zehnern und Einern!

						Unterschrift:
Montag:	1	2	3	4	5	
Dienstag:	1	2	3	4	5	
Mittwoch:	1	2	3	4	5	
Donnerstag:	1	2	3	4	5	
Freitag:	1	2	3	4	5	

Name: Datum:

Kopfrechen-Hausaufgaben

Nimm deine Hunderter-Rechenschiene! Lasse dir täglich 8 Blitzzahlen zeigen!
→ Wie heißt der nächste Zehner? Wie viel fehlt bis zum nächsten Zehner?

z. B. 43

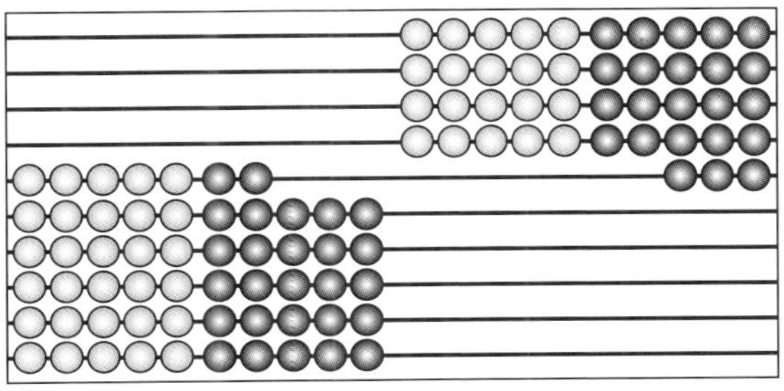

	Lösungen:								Anzahl der richtigen Lösungen und Unterschrift:
Montag:	1	2	3	4	5	6	7	8	
Dienstag:	1	2	3	4	5	6	7	8	
Mittwoch:	1	2	3	4	5	6	7	8	
Donnerstag:	1	2	3	4	5	6	7	8	
Freitag:	1	2	3	4	5	6	7	8	

Name: Datum:

Kopfrechen-Hausaufgaben

Jemand nennt dir 8 Zahlen von 1–100 (täglich)!
→ Wie heißt der nächste Zehner? Wie viele Einer fehlen bis zum nächsten Zehner?

z. B. 43

	Lösungen:								Anzahl der richtigen Lösungen und Unterschrift:
Montag:	1	2	3	4	5	6	7	8	
Dienstag:	1	2	3	4	5	6	7	8	
Mittwoch:	1	2	3	4	5	6	7	8	
Donnerstag:	1	2	3	4	5	6	7	8	
Freitag:	1	2	3	4	5	6	7	8	

Name: Datum: **4**

Kopfrechen-Hausaufgaben

Nimm dein Hunderterfeld! Lasse dir täglich 8 Plus- oder Minusaufgaben mit Einern oder Zehnern ohne Zehnerübergang sagen! Lege die Aufgaben mit den Zehnerstreifen und Einern hin!

z. B. 36 + 3 =
oder 36 + 30 =

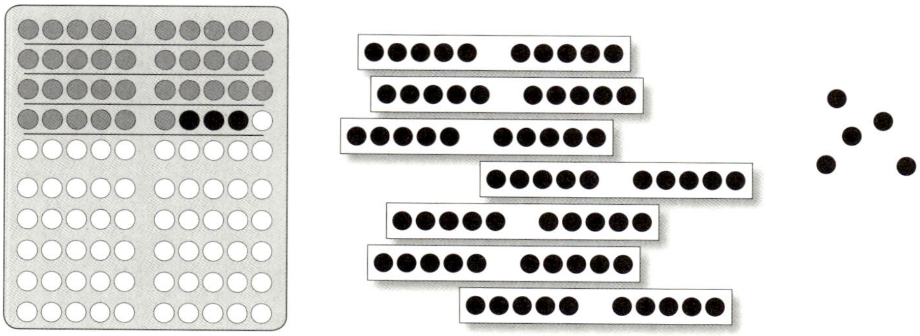

Lösungen:

Anzahl der richtigen Lösungen und Unterschrift:

	1	2	3	4	5	6	7	8	Unterschrift	Anzahl
Montag:										
Dienstag:										
Mittwoch:										
Donnerstag:										
Freitag:										

Name: Datum: **4**

Kopfrechen-Hausaufgaben

Lasse dir täglich 8 Plus- oder Minusaufgaben mit Einern oder Zehnern ohne Zehnerübergang sagen! Löse die Aufgaben im Kopf!

z. B. 36 + 3 =
oder 36 + 30 =

Lösungen:

Anzahl der richtigen Lösungen und Unterschrift:

	1	2	3	4	5	6	7	8	Unterschrift	Anzahl
Montag:										
Dienstag:										
Mittwoch:										
Donnerstag:										
Freitag:										

Name: Datum: **4**

Kopfrechen-Hausaufgaben

Nimm deine Rechenschiene! Lasse dir täglich 8 Plus- oder Minusaufgaben mit zweistelligen Zahlen ohne Zehnerübergang sagen! Denke daran: Erst die Einer oder die Zehner!

z. B. *16 + 23 =*

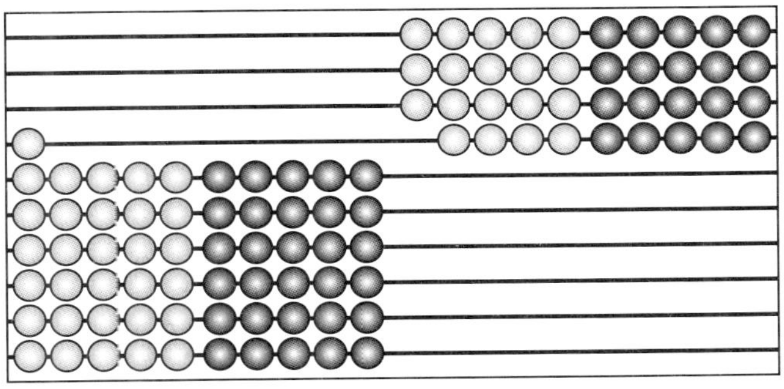

Lösungen:

Anzahl der richtigen Lösungen und Unterschrift:

	1	2	3	4	5	6	7	8	Unterschrift	Anzahl
Montag:										
Dienstag:										
Mittwoch:										
Donnerstag:										
Freitag:										

Name: Datum: **5**

Kopfrechen-Hausaufgaben

Jemand nennt dir acht Verdoppelungsaufgaben:

Das Doppelte von ... ist ...!

(Zahlen von 1–10 oder Zehnerzahlen bis 50)

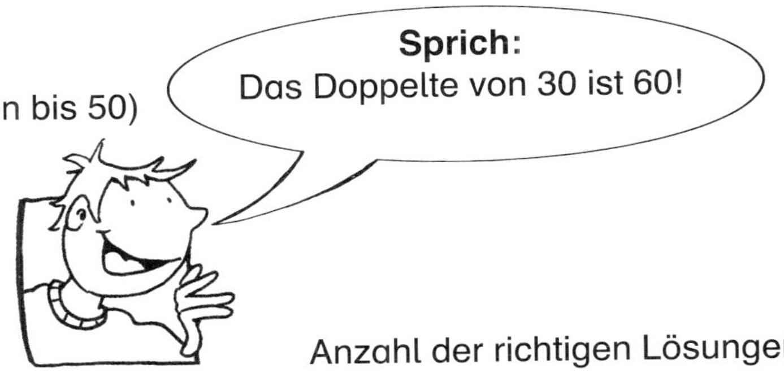

Lösungen:

Anzahl der richtigen Lösungen und Unterschrift:

	1	2	3	4	5	6	7	8	Unterschrift	Anzahl
Montag:										
Dienstag:										
Mittwoch:										
Donnerstag:										
Freitag:										

Name: Datum: 5

Kopfrechen-Hausaufgaben

Lasse dir täglich 8 Plus- oder Minusaufgaben mit zweistelligen Zahlen ohne Zehnerübergang sagen! Löse die Aufgabe im Kopf!

z. B. 36 + 23 =

Lösungen:

Anzahl der richtigen Lösungen und Unterschrift:

	1	2	3	4	5	6	7	8		
Montag:										
Dienstag:										
Mittwoch:										
Donnerstag:										
Freitag:										

Name: Datum: 7

Kopfrechen-Hausaufgaben

Lasse dir täglich 8 Minusaufgaben mit Einern oder Zehnern mit oder ohne Zehnerübergang sagen! Löse die Aufgabe im Kopf! Zähle nicht! Wenn nötig, nimm ein Hilfsmaterial!

z. B. 36 − 7 =
oder 36 − 20 =

Lösungen:

Anzahl der richtigen Lösungen und Unterschrift:

	1	2	3	4	5	6	7	8		
Montag:										
Dienstag:										
Mittwoch:										
Donnerstag:										
Freitag:										

Name: Datum:

Kopfrechen-Hausaufgaben

Übe täglich 5 Minuten mit dem Einmaleins-Plan:
Jemand nennt dir eine Geteiltaufgabe. Suche das Ergebnis auf dem Einmaleins-Plan und schaue, wie oft die Menge in das Ergebnis passt!

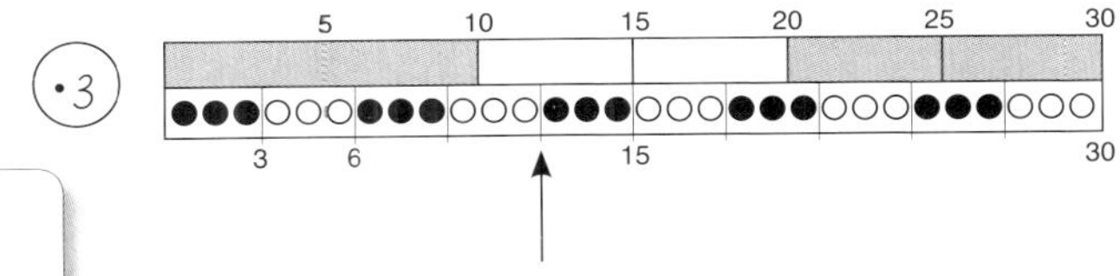

z. B. *12 : 3 = 4*
denn *4 • 3 = 12*

									Unterschrift:
Montag:	1	2	3	4	5	6	7	8	
Dienstag:	1	2	3	4	5	6	7	8	
Mittwoch:	1	2	3	4	5	6	7	8	
Donnerstag:	1	2	3	4	5	6	7	8	
Freitag:	1	2	3	4	5	6	7	8	

11

Name: Datum:

Kopfrechen-Hausaufgaben

Übe täglich 8 Einmaleins-Reihen! Entweder jemand deckt mit der Folie auf der 100er-Tafel Einmaleins-Reihen ab und du nennst die Einmaleins-Aufgabe oder jemand nennt dir eine Einmaleins-Aufgabe und du deckst die Reihen mit der Folie ab!

z. B. *5 • 4 =*

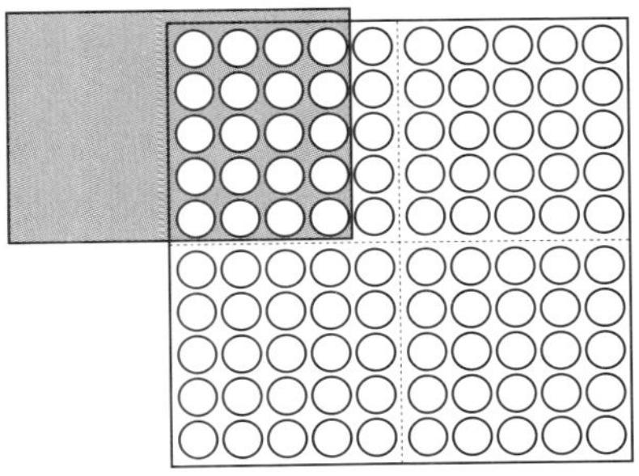

Wichtig!
Wenn du das Ergebnis der Aufgabe weißt, kannst du es sagen. Ansonsten brauchst du nur die Einmaleins-Aufgabe nennen!

									Unterschrift:
Montag:	1	2	3	4	5	6	7	8	
Dienstag:	1	2	3	4	5	6	7	8	
Mittwoch:	1	2	3	4	5	6	7	8	
Donnerstag:	1	2	3	4	5	6	7	8	
Freitag:	1	2	3	4	5	6	7	8	

Name: Datum: 11

Kopfrechen-Hausaufgaben

Übe täglich 5 Minuten mit dem Einmaleins-Plan:
Jemand nennt dir 1 x 1-Aufgaben! Achtung: Bei 9 · 7 musst du nicht die ganze 9er-Reihe abzählen. Du suchst dir 10 · 7 und weißt, dass es 1 · 7 weniger ist.

									Unterschrift:
Montag:	1	2	3	4	5	6	7	8	
Dienstag:	1	2	3	4	5	6	7	8	
Mittwoch:	1	2	3	4	5	6	7	8	
Donnerstag:	1	2	3	4	5	6	7	8	
Freitag:	1	2	3	4	5	6	7	8	

Name: Datum: 11

Kopfrechen-Hausaufgaben

Übe täglich 5 Minuten und lerne die Einmaleins-Quadrataufgaben auswendig:
Jemand nennt dir eine Malaufgabe mit Quadratzahlen!

z. B. 3 • 3 = 9

	Lösungen:								Anzahl der richtigen Lösungen und Unterschrift:	
Montag:	1	2	3	4	5	6	7	8		
Dienstag:	1	2	3	4	5	6	7	8		
Mittwoch:	1	2	3	4	5	6	7	8		
Donnerstag:	1	2	3	4	5	6	7	8		
Freitag:	1	2	3	4	5	6	7	8		

P. Schön/A. Pogoda Saam: Den Zahlenraum bis 100 aktiv entdecken

Name: Datum:

Rechen-Sprechblatt

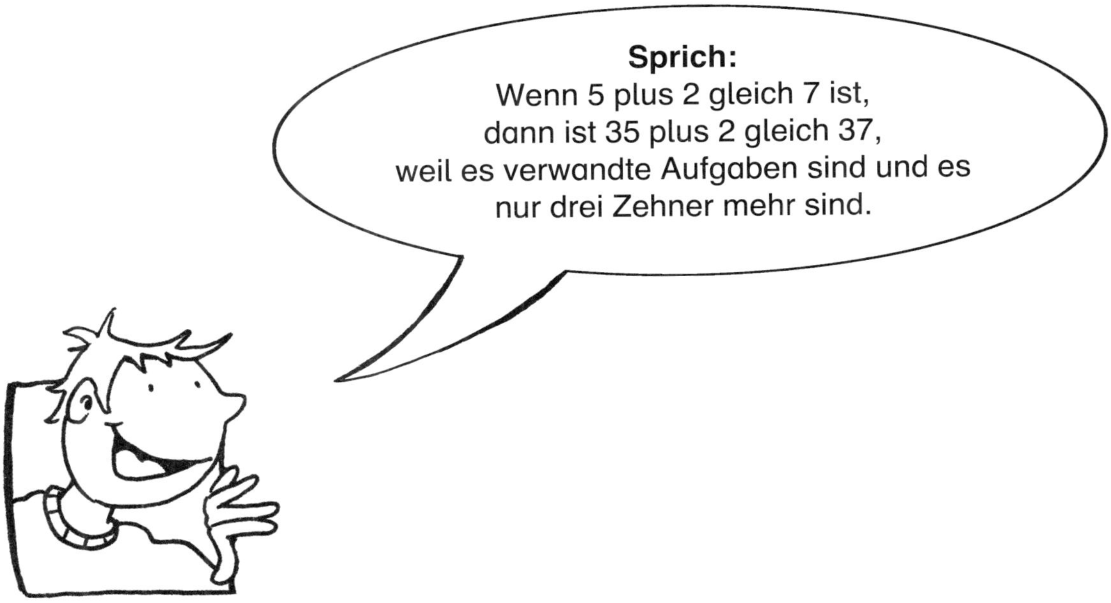

5 + 2 =	70 − 40 =	8 − 2 =
35 + 2 =	73 − 40 =	78 − 2 =
6 + 3 =	80 − 50 =	90 − 50 =
46 + 3 =	82 − 50 =	99 − 50 =
8 − 3 =	40 + 20 =	60 − 40 =
58 − 3 =	45 + 20 =	64 − 40 =
3 + 5 =	10 + 80 =	1 + 6 =
23 + 5 =	15 + 80 =	91 + 6 =
8 − 6 =	60 + 40 =	9 + 1 =
98 − 6 =	67 + 40 =	79 + 1 =

Rechen-Sprechblatt

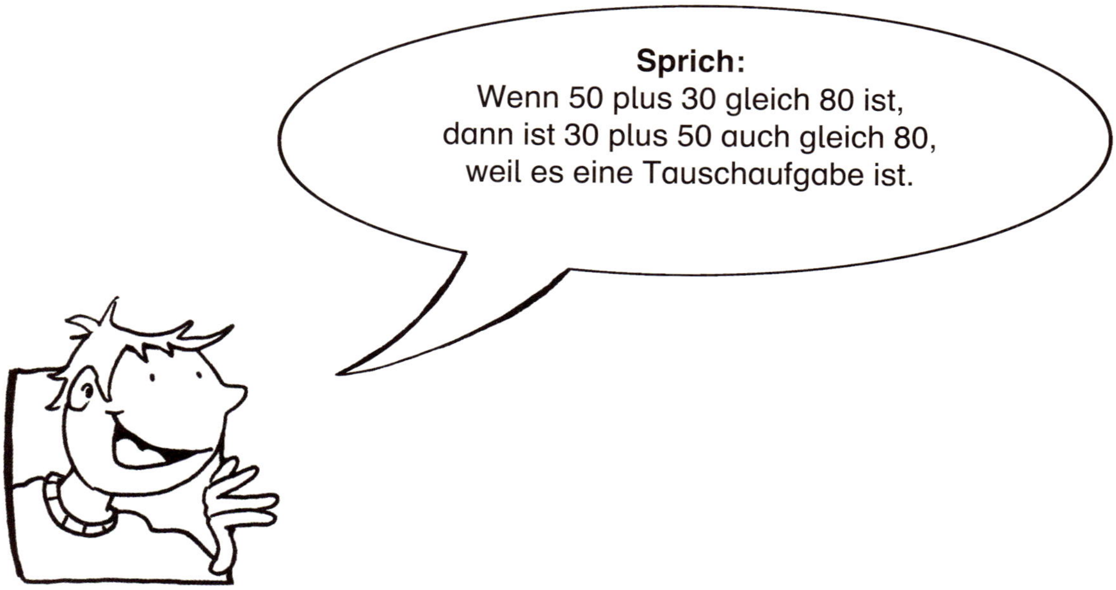

50 + 30 = 30 + 50 =	70 − 40 = 30 + 40 =	8 − 2 = 80 − 20 =
40 + 30 = 30 + 40 =	16 − 4 = 12 + 4 =	70 − 50 = 20 + 50 =
80 − 10 = 70 + 10 =	50 + 20 = 57 + 20 =	60 − 30 = 69 − 30 =
4 + 5 = 74 + 5 =	90 − 80 = 93 − 80 =	3 + 6 = 43 + 6 =
9 − 7 = 39 − 7 =	60 + 40 = 40 + 60 =	8 + 2 = 88 + 2 =

P. Schön/A. Pogoda Saam: Den Zahlenraum bis 100 aktiv entdecken

Name: Datum: **5**

Rechen-Sprechblatt

Zahl	6	30	15	11	9	20	40	31	50	8	12
das Doppelte											

Name: Datum: **5**

Rechen-Sprechblatt

Überlege! Welche Zahl kann man halbieren?

Zahl	6	30	15	11	9	20	40	31	50	8	12
die Hälfte											

Sprechblatt zum Malnehmen

- Finde eine passende Malaufgabe!
  Nenne die Plus- und Malaufgabe!

Name: Datum:

1. Kopfrechenaufgaben bis 10

2. Wie viele Zehner und Einer sind es? Kreise immer 10 Dinge ein!
Schreibe die Zehner, Einer und die dazugehörige Plusaufgabe auf!

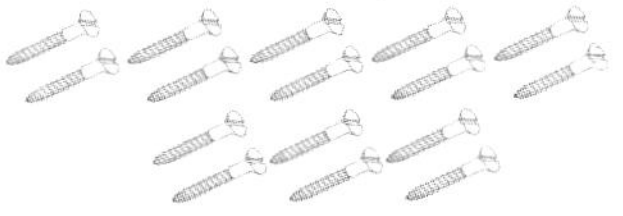

__ Zehner und __ Einer

	+		=	

Z	E

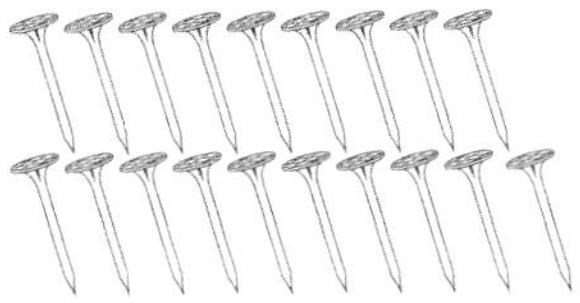

__ Zehner und __ Einer

	+		=	

Z	E

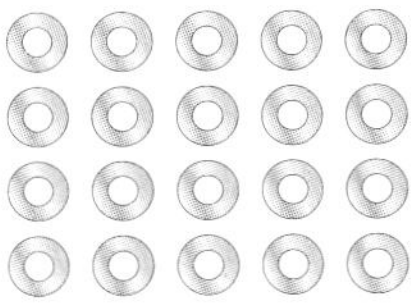

__ Zehner und __ Einer

	+		=	

Z	E

3. Finde die kleine oder große Aufgabe! Rechne!

6	+	3	=	
16	+		=	

7	+	3	=	
			=	

14	+	3	=	
			=	

8	–	5	=	
			=	

19	–	4	=	
			=	

10	–	7	=	
			=	

4. Rechne!

7	+	6	=	
5	+	8	=	
9	+	4	=	
8	+	6	=	
6	+	9	=	

14	–	5	=	
16	–	7	=	
18	–	9	=	
12	–	4	=	
15	–	7	=	

15	–		=	9
13	–		=	7
11	–		=	4
9	+		=	16
8	+		=	13

9	+	8	+	2	=	
6	+	5	+	8	=	
12	–	7	–	4	=	
18	–	5	–	6	=	

5. Setze die Zahlen im Zauberdreieck so ein, dass es **immer 12 ergibt!**

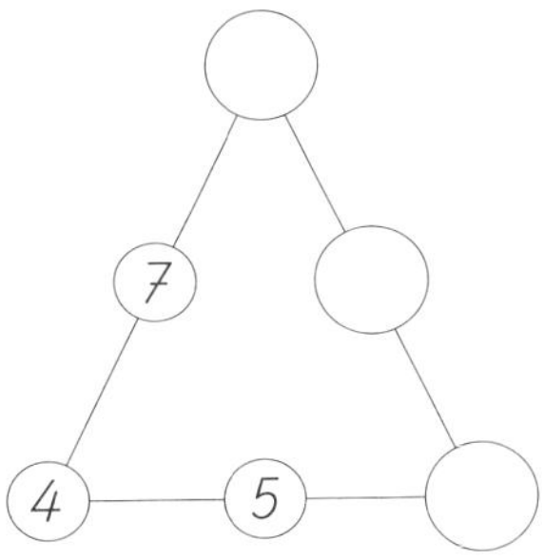

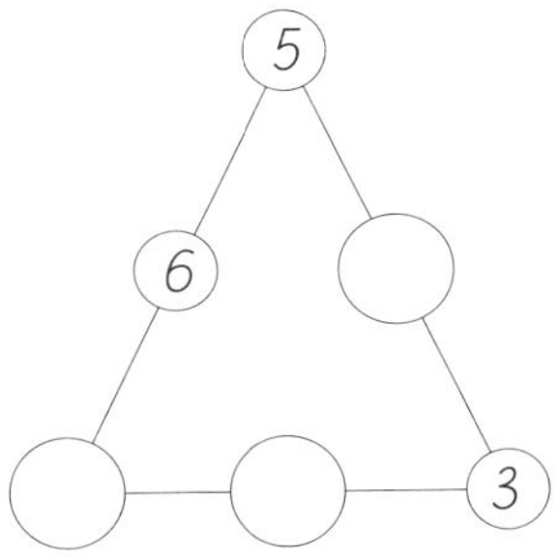

Name: Datum:

6. Setze die Aufgabenreihe fort und rechne!

8	+	5	=	
8	+	6	=	
8	+	7	=	
	+		=	
	+		=	

12	−	6	=	
13	−	7	=	
14	−	8	=	
	−		=	
	−		=	

7. Löse die Zahlenmauern und Rechendreiecke!

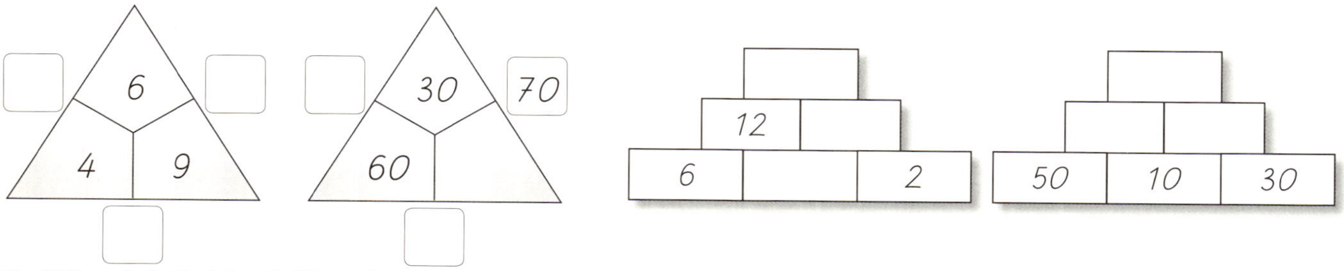

8. Wie viel Geld erhältst du zurück? Kreise ein!

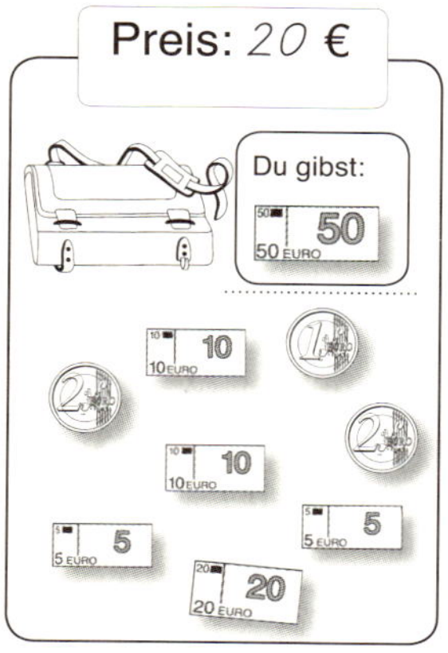

9. Löse die Rechengeschichte!
Wir wissen: Ali hat 15 Euro gespart. Er hat 9 Euro mehr als Lisa.

Wie viel Euro hat Lisa?

Zeit: ____ Minuten von ____ gearbeitet.
Bewertung: Du hast von ____ Punkten ____ erreicht.
Das entspricht der Note ____

Unterschrift:

P. Schön/A. Pogoda Saam: Den Zahlenraum bis 20 aktiv entdecken

Name: Datum:

1. Kopfrechenaufgaben bis 10

2. Wie viele Zehner und Einer sind es? Kreise immer 10 Dinge ein!
Schreibe die Zehner, Einer und die dazugehörige Plusaufgabe auf!

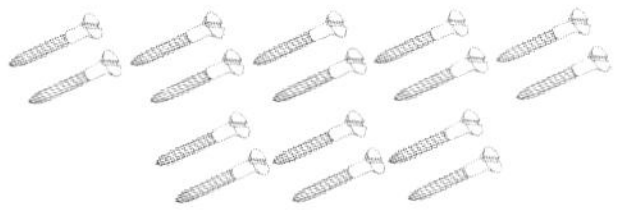

__ Zehner und __ Einer

	+		=	

Z	E

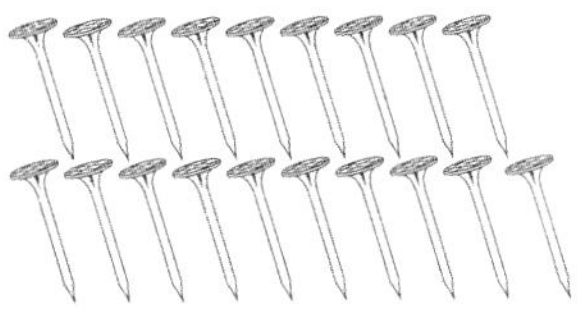

__ Zehner und __ Einer

	+		=	

Z	E

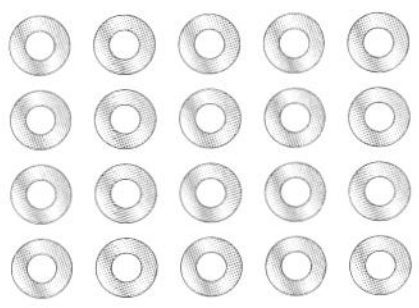

__ Zehner und __ Einer

	+		=	

Z	E

3. Finde die kleine oder große Aufgabe! Rechne!

6	+	3	=	
16	+		=	

7	+	3	=	
			=	

8	–	5	=	
			=	

10	–	4	=	
			=	

4. Rechne!

7	+	6	=	
5	+	8	=	

14	–	5	=	
16	–	7	=	

15	–		=	19
8	+		=	16

9	+	8	+	2	=	

12	–	7	–	4	=	

Name: Datum:

5. Setze die Aufgabenreihe fort und rechne!

8	+	5	=	
8	+	6	=	
8	+	7	=	
	+		=	
	+		=	

12	–	6	=	
13	–	7	=	
14	–	8	=	
	–		=	
	–		=	

6. Löse die Zahlenmauern und Rechendreiecke!

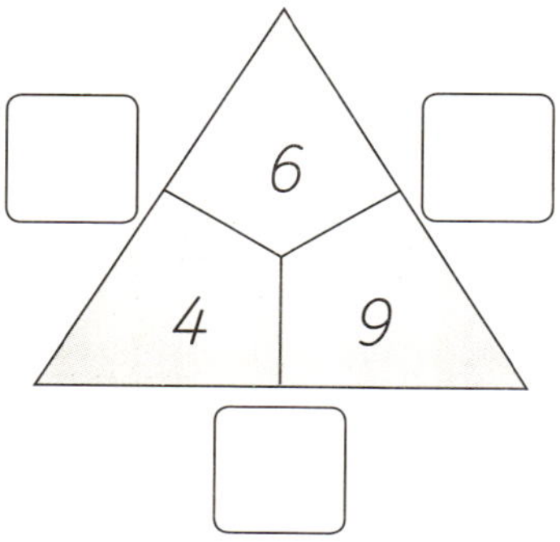

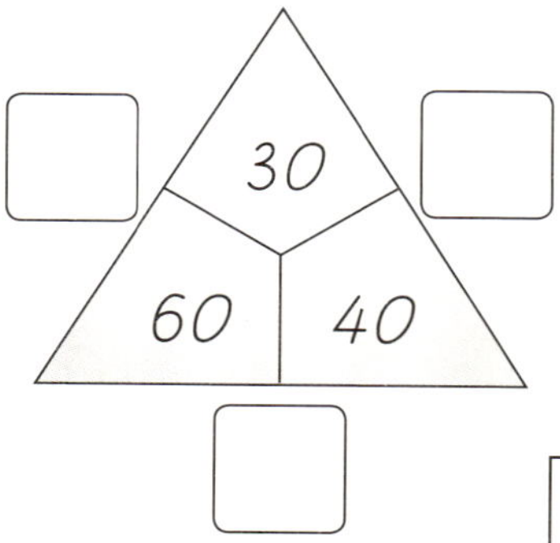

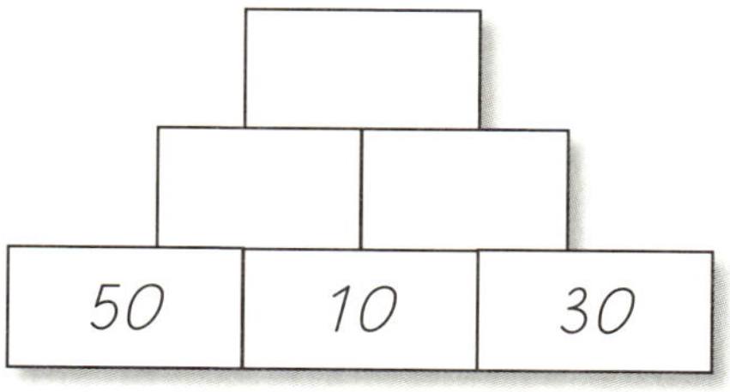

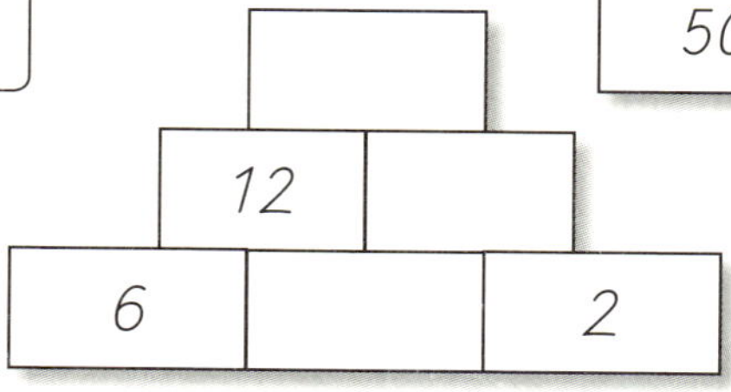

7. Wie viel Geld erhältst du zurück? Kreise ein!

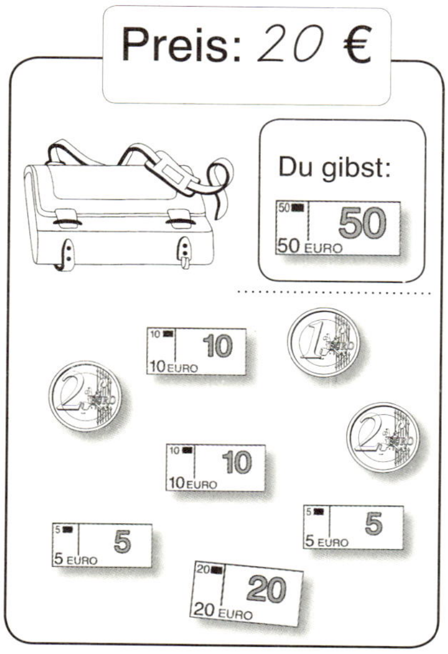

Zeit: ____ Minuten von ____ gearbeitet.
Bewertung: Du hast von ____ Punkten ____ erreicht.
Das entspricht der Note ____

Unterschrift:

Name: Datum:

1. Kopfrechenaufgaben bis 10

2. Wie viele Zehner und Einer sind es? Kreise immer 10 Dinge ein!
Schreibe die Zehner, Einer und die dazugehörige Plusaufgabe auf!

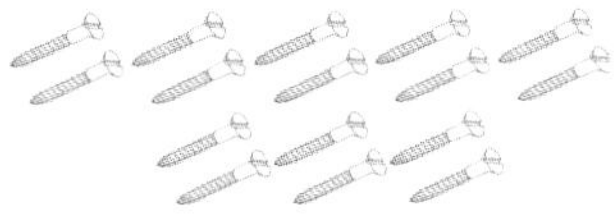

__ Zehner und __ Einer

	+		=	

Z	E

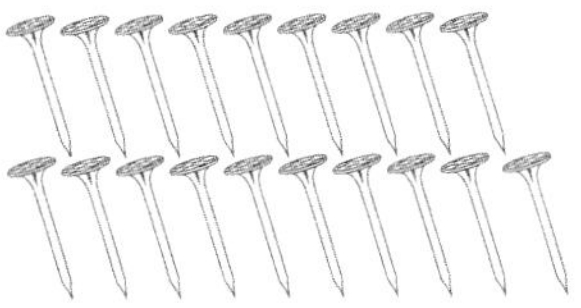

__ Zehner und __ Einer

	+		=	

Z	E

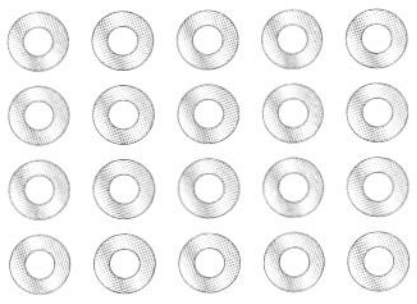

__ Zehner und __ Einer

	+		=	

Z	E

3. Finde die große Aufgabe! Rechne!

6	+	3	=	
16	+		=	

7	+	3	=	
			=	

8	–	5	=	
			=	

10	–	4	=	
			=	

4. Rechne!

7	+	6	=	
5	+	8	=	

14	–	5	=	
16	–	7	=	

15	–		=	19
8	+		=	16

9	+	8	+	2	=	

12	–	7	–	4	=	

Name: Datum:

5. Setze die Aufgabenreihe fort und rechne!

8	+	5	=	
8	+	6	=	
8	+	7	=	
	+		=	
	+		=	

12	–	6	=	
13	–	7	=	
14	–	8	=	
	–		=	
	–		=	

6. Wie viel Geld erhältst du zurück? Kreise ein!

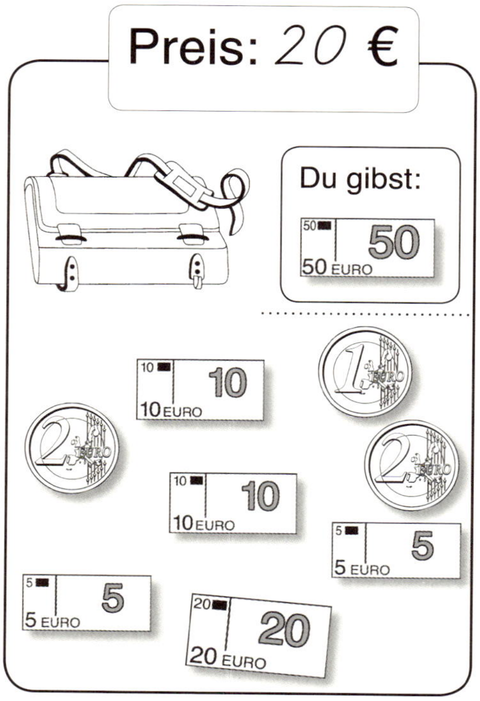

Zeit: ____ Minuten von ____ gearbeitet.
Bewertung: Du hast von ____ Punkten ____ erreicht.
Das entspricht der Note ____

Unterschrift:

P. Schön/A. Pogoda Saam: Den Zahlenraum bis 100 aktiv entdecken

Name: Datum:

1. Zahlendiktat

2. Wie viele? Kreise immer 10 Eier ein und schreibe die Zahl ins Zahlenhaus!

Z | E

Z | E

3. Vier Karten gehören zusammen! Male und trage richtig ein!

vier und dreißig | 34 |  | Z E: 3 4

sieben und achtzig | | | Z E

sechs und fünfzig | | | Z E

fünf und siebzig | | | Z E

4. Wie heißt die Zahl?

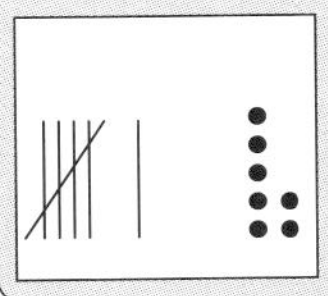 Z | E

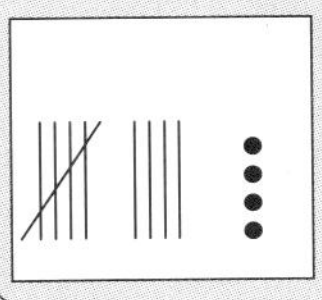 Z | E

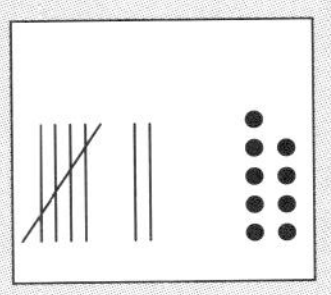 Z | E

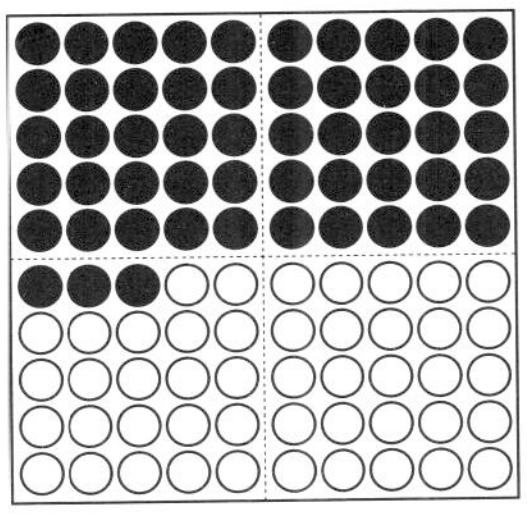 Z | E

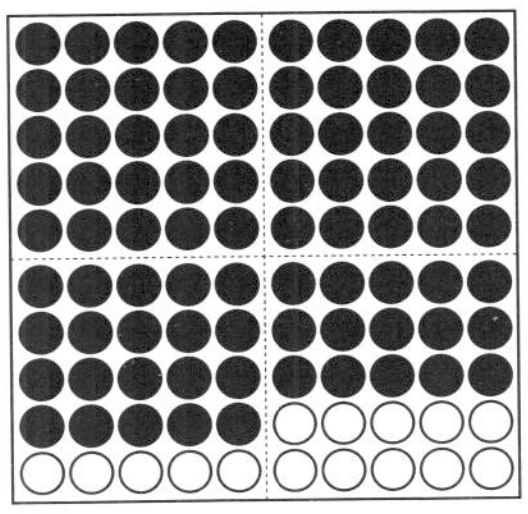 Z | E

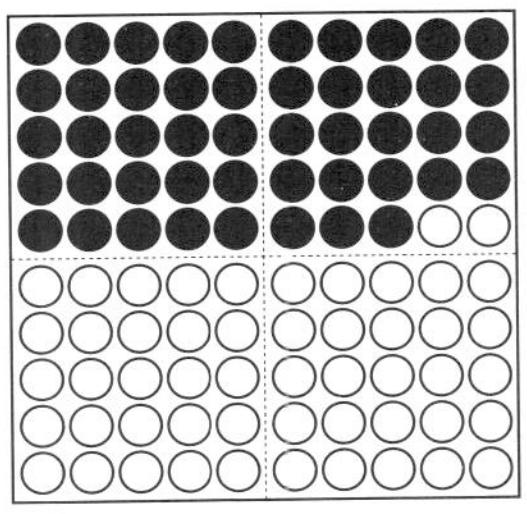 Z | E

5. Male die Zahlen an!

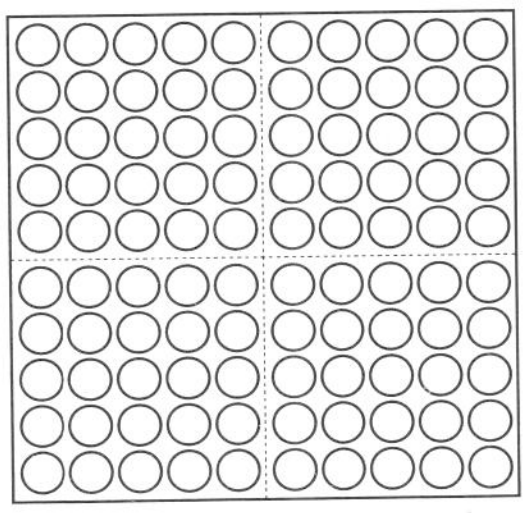 37

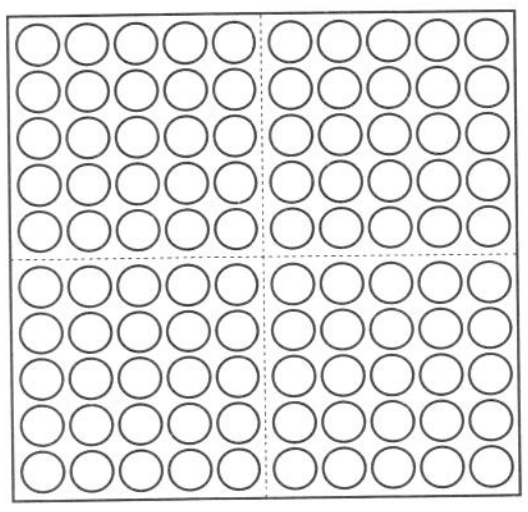 62

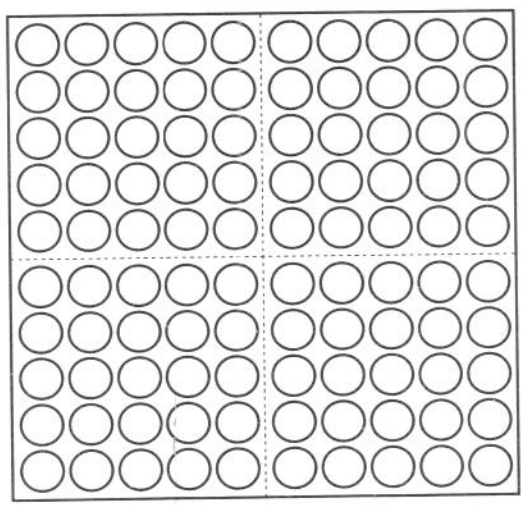 26

Name: Datum:

6. Trage die fehlenden Zahlen ein!

1	2	3			6	7		9	10
11		13	14	15			18	19	
	22	23		25	26	27			30
31			34	35		37	38		
	42	43			46	47		49	50
51			54	55	56	57	58		60
	62	63		65		67		69	
71		73		75	76		78	79	
	82		84			87		89	90
91		93	94	95	96		98	99	

7. Ausschnitte aus der Hundertertafel. Trage die fehlenden Zahlen ein!

		73		

		50

62			
			95

8. Wie heißen die Nachbarzahlen?

	47			40		57					71
	29			56		38					92

9. Wie heißen die Nachbar-Zehnerzahlen?

	34			22			45			96	
	53			75			81			67	

10. Setze ein: < = >

36 ◯ 63 | 15 ◯ 15 | 29 ◯ 32 | 72 ◯ 27

11. Zurück und vor zu den Nachbarzahlen!

38 + 1 = ☐ | 46 − 1 = ☐ | 80 − 1 = ☐ | 64 + 1 = ☐

Name: Datum:

12. Ausschnitte aus dem Zahlenstrahl. Wie heißen die Zahlen?

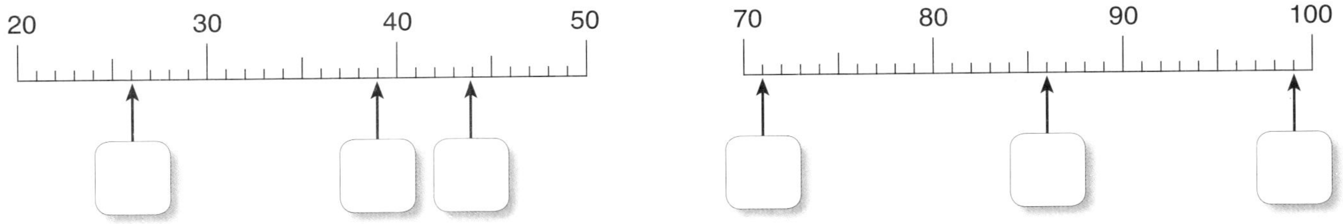

13. Wie geht die Zahlenreihe weiter?

35, 36, 37, ___, ___, ___, ___, ___, ___, ___, 45

94, 93, 92, ___, ___, ___, ___, ___, ___, ___, 84

35, 40, 45, ___, ___, ___, ___, ___, ___, ___, 85

21, 31, 41, ___, ___, ___, ___, ___, 101

14. Zerlege in Zehner und Einer!

29	=		+	
96	=		+	
73	=		+	

75	=		+	
62	=		+	
81	=		+	

15. Schaffst du das auch noch?

43	+		=	50
61	+		=	70

28	−		=	20
86	−		=	80

Meine Zahl ist eine Fünferzahl und liegt zwischen 37 und 48!

Wie heißt die Zahl? ________

Zeit: ____ Minuten von ____ gearbeitet.
Bewertung: Du hast von ____ Punkten ____ erreicht.
Das entspricht der Note ____

Unterschrift:

Name: Datum:

1. Zahlendiktat

2. Wie viele? Kreise immer 10 Eier ein und schreibe die Zahl ins Zahlenhaus!

Z | E

Z | E

3. Vier Karten gehören zusammen! Male und trage richtig ein!

vier und dreißig	34	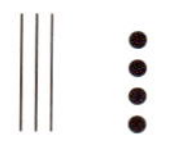	Z E / 3 4
sieben und achtzig			Z E
sechs und fünfzig			Z E
fünf und siebzig			Z E

4. Wie heißt die Zahl?

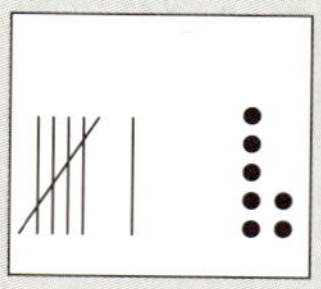 Z | E

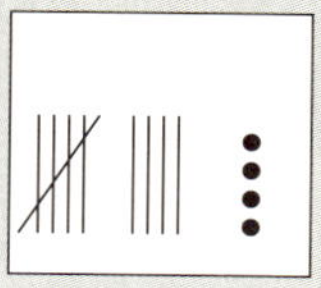 Z | E

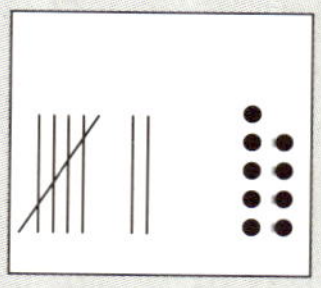 Z | E

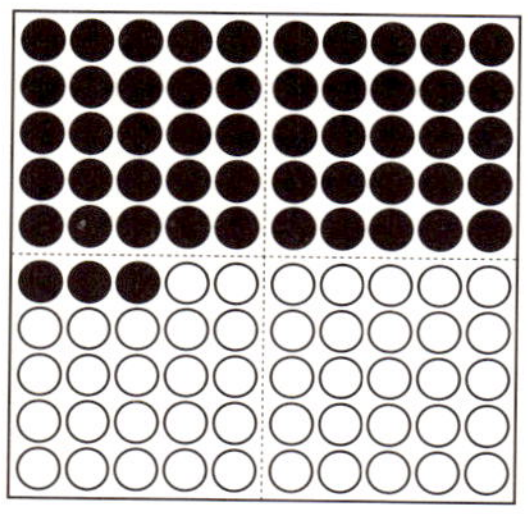 Z | E

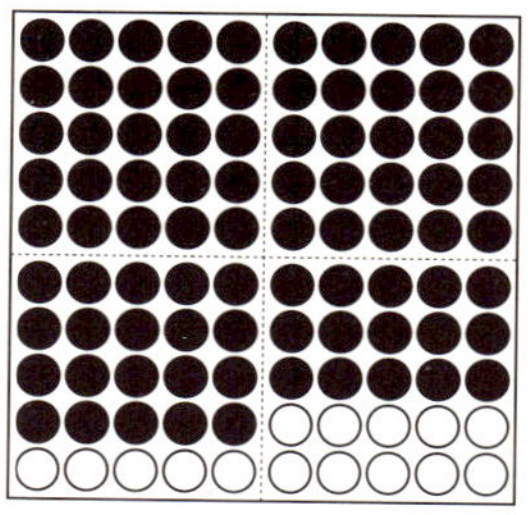 Z | E

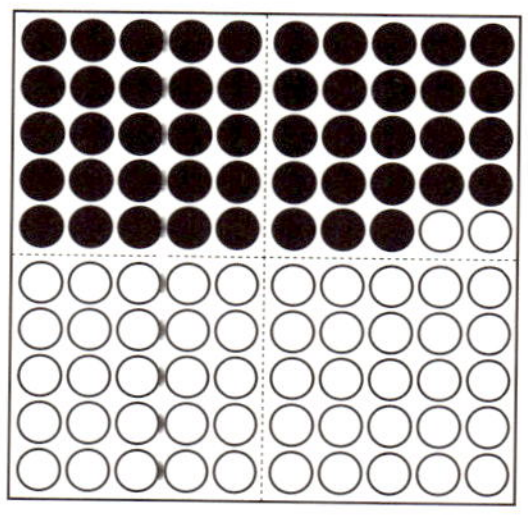 Z | E

5. Male die Zahlen an!

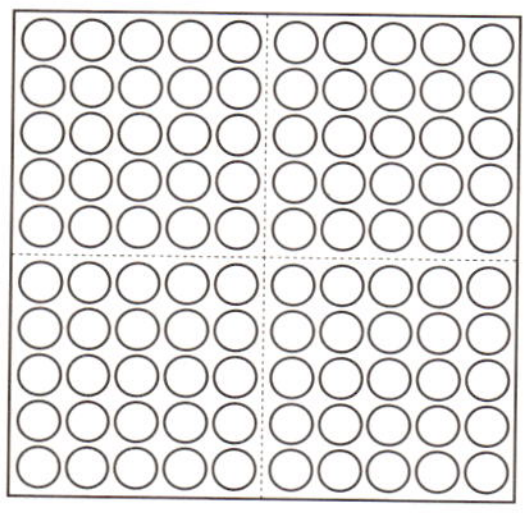

37

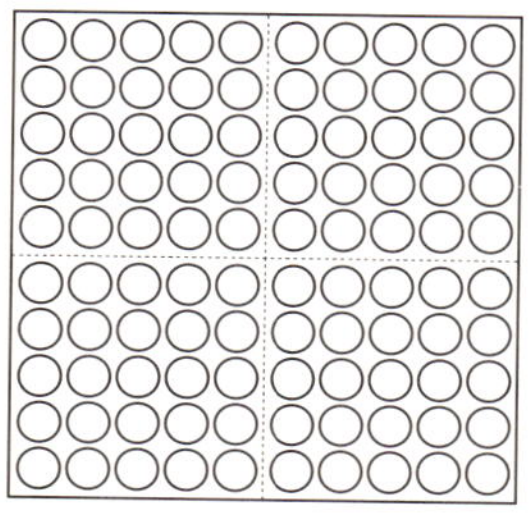

62

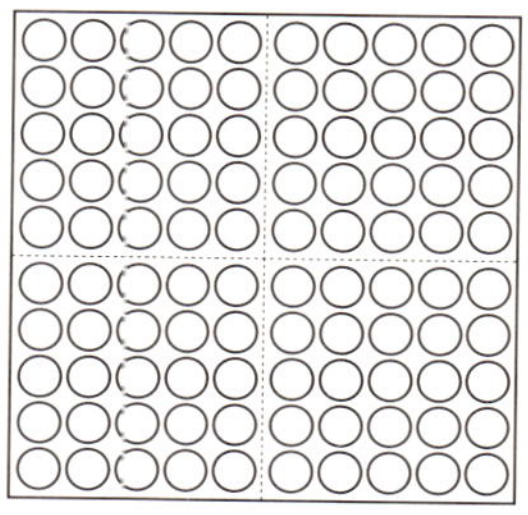

26

Name: Datum:

6. Trage die fehlenden Zahlen ein!

1	2	3			6	7		9	10
11		13	14	15			18	19	
	22	23		25	26	27			30
31			34	35		37	38		
	42	43			46	47		49	50
51			54	55	56	57	58		60
	62	63		65		67		69	
71		73		75	76		78	79	
	82		84			87		89	90
91		93	94	95	96		98	99	

7. Wie heißen die Nachbarzahlen?

◯ 47 ◯ ◯ 40 ◯ 57 ◯ ◯ ◯ ◯ 71

8. Setze ein: < = >

36 ◯ 63 15 ◯ 15 29 ◯ 32 72 ◯ 27

9. Zurück und vor zu den Nachbarzahlen!

38 + 1 = ☐ 46 − 1 = ☐ 80 − 1 = ☐ 64 + 1 = ☐

10. Ausschnitte aus dem Zahlenstrahl. Wie heißen die Zahlen?

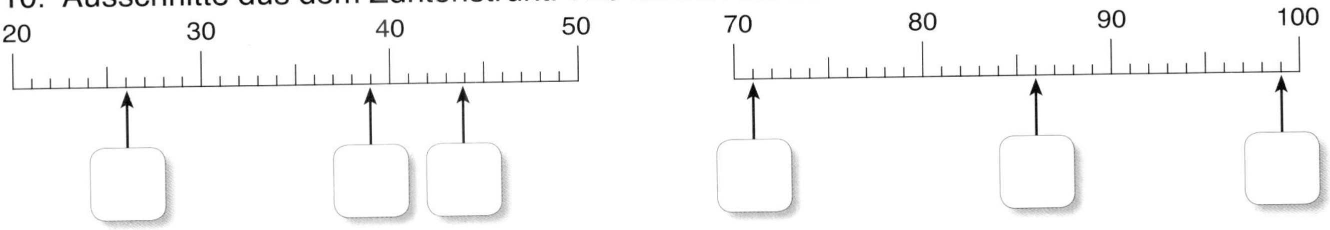

11. Wie geht die Zahlenreihe weiter?

35, 36, 37, ___, ___, ___, ___, ___, ___, ___, 45

94, 93, 92, ___, ___, ___, ___, ___, ___, ___, 84

12. Zerlege in Zehner und Einer!

29 = ☐ + ☐ 75 = ☐ + ☐ 96 = ☐ + ☐

Zeit: ____ Minuten von ____ gearbeitet.
Bewertung: Du hast von ____ Punkten ____ erreicht.
Das entspricht der Note ____

Unterschrift:

Name: Datum:

1. Kopfrechenaufgaben mit Verdoppelung!

2. Wie heißt die Verdoppelung? Schreibe und rechne!

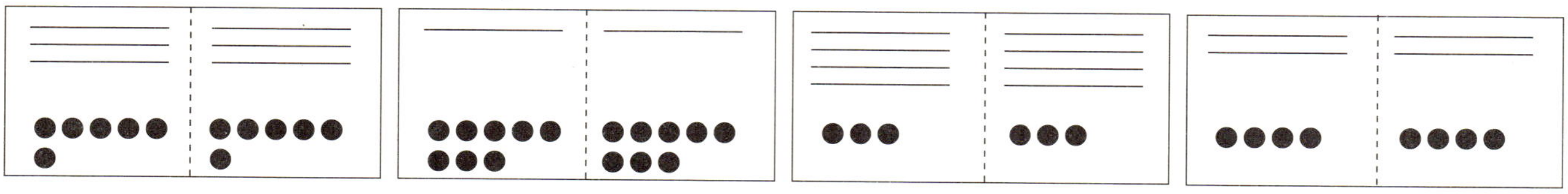

36	+	36	=	
	+		=	
	+		=	

	+		=	
	+		=	
	+		=	

	+		=	
	+		=	
	+		=	

	+		=	
	+		=	
	+		=	

2. Plus- und Minusaufgaben ohne Zehnerübergang. Rechne!

56	−	4	=	
89	−	7	=	
63	−	30	=	
45	−	20	=	

62	+	6	=	
36	+	3	=	
25	+	40	=	
74	+	20	=	

54	−	12	=	
78	−	25	=	
32	+	45	=	
21	+	57	=	

3. Entscheide, ob es Aufgaben über den Zehner sind!
Rechne und kreuze an!

85	+	6	=		○
51	+	3	=		○
36	+	6	=		○

49	−	4	=		○
78	−	6	=		○
63	−	5	=		○

4. Finde die passende Tauschaufgabe, wenn es sinnvoll ist! Rechne!

5 + 38 = ☐
☐ + ☐ = ☐

6 + 87 = ☐
☐ + ☐ = ☐

77 + 4 = ☐
☐ + ☐ = ☐

Name: Datum:

5. Plusaufgaben über den Zehner. Rechne! Schreibe deinen Lösungsweg auf!

$37 + 28 = \square$ | $45 + 37 = \square$ | $53 + 18 = \square$ | $64 + 27 = \square$

$\square + \square = \square$
$\square + \square = \square$

6. Minusaufgaben über den Zehner. Rechne! Schreibe deinen Lösungsweg auf!

$82 - 58 = \square$ | $65 - 37 = \square$ | $51 - 16 = \square$ | $94 - 57 = \square$

$\square - \square = \square$
$\square - \square = \square$

7. Finde die verwandte Aufgabe! Verbinde mit dem Lineal und rechne!

$4 + 8 = \square$	$49 - 7 = \square$	$13 - 8 = \square$	$46 - 5 = \square$
$6 + 3 = \square$	$61 - 7 = \square$	$16 - 5 = \square$	$63 - 8 = \square$
$9 + 7 = \square$	$74 - 8 = \square$	$18 - 7 = \square$	$82 - 6 = \square$
$1 + 7 = \square$	$26 - 3 = \square$	$12 - 6 = \square$	$88 - 7 = \square$

7. Wie geht die Aufgabenreihe weiter?
Setze fort und rechne!

−	+
$97 - 5 =$	$17 + 16 =$
$86 - 15 =$	$27 + 15 =$
$75 - 25 =$	$37 + 14 =$

8. Schaffst du das auch noch?

$17 + \square = 57$

$48 + \square = 54$

$68 - \square = 28$

$\square + 7 = 63$

$\square - 26 = 42$

$38 + 43 - 6 = \square$

Zeit: ____ Minuten von ____ gearbeitet.
Bewertung: Du hast von ____ Punkten ____ erreicht.
Das entspricht der Note ____

Unterschrift:

Name: Datum:

1. Kopfrechenaufgaben mit Verdoppelung!

2. Wie heißt die Verdoppelung? Schreibe und rechne!

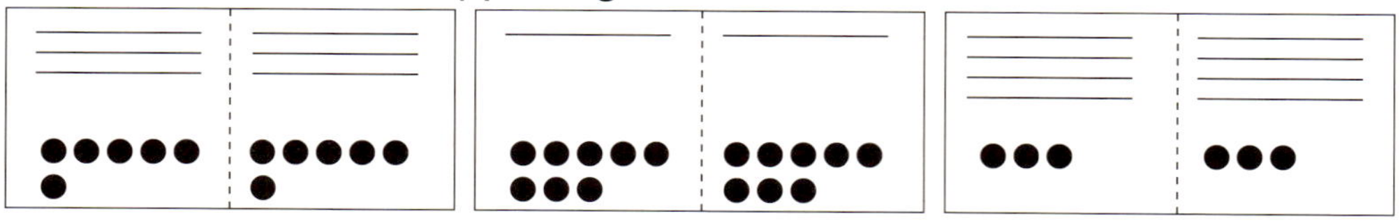

36	+	36	=	
30	+	30	=	
6	+	6	=	

	+		=	
	+		=	
	+		=	

	+		=	
	+		=	
	+		=	

2. Plus- und Minusaufgaben ohne Zehnerübergang. Rechne!

89	−	7	=		
63	−	30	=		
36	+	3	=		
25	+	40	=		
78	−	25	=		
32	−	45	=		

3. Entscheide, ob es Aufgaben über den Zehner sind!
Rechne und kreuze an!

85	+	6	=		○
51	+	3	=		○
49	−	4	=		○
63	−	5	=		○

4. Finde die passende Tauschaufgabe, wenn es sinnvoll ist! Rechne!

5 + 38 = ☐ → ☐ + ☐ = ☐

6 + 87 = ☐ → ☐ + ☐ = ☐

9 + 63 = ☐ → ☐ + ☐ = ☐

Name: Datum:

5. Plusaufgaben über den Zehner. Rechne!

37 + 28 = ___

___ + ___ = ___
___ + ___ = ___

45 + 37 = ___

___ + ___ = ___
___ + ___ = ___

6. Minusaufgaben über den Zehner. Rechne! Schreibe deinen Lösungsweg auf!

82 − 58 = ___

82 − 50 = ___
___ − 8 = ___

65 − 37 = ___

___ − ___ = ___
___ − ___ = ___

7. Finde die verwandte Aufgabe! Verbinde mit dem Lineal und rechne!

4 + 8 = ___	49 + 7 = ___
6 + 3 = ___	26 + 3 = ___
9 + 7 = ___	74 + 8 = ___

13 − 8 = ___	46 − 5 = ___
16 − 5 = ___	63 − 8 = ___
18 − 7 = ___	88 − 7 = ___

Zeit: ____ Minuten von ____ gearbeitet.
Bewertung: Du hast von ____ Punkten ____ erreicht.
Das entspricht der Note ____

Unterschrift:

Name: Datum:

1. Kopfrechnen mit Einmaleins-Kernaufgaben!

2. Schreibe zu den Bildern die Plus- und Malaufgabe!

+ ____ = ____
· ____ = ____

+ ____ = ____
· ____ = ____

+ ____ = ____
· ____ = ____

3. Wie heißt die Plus- und Malaufgabe? Schreibe auf!

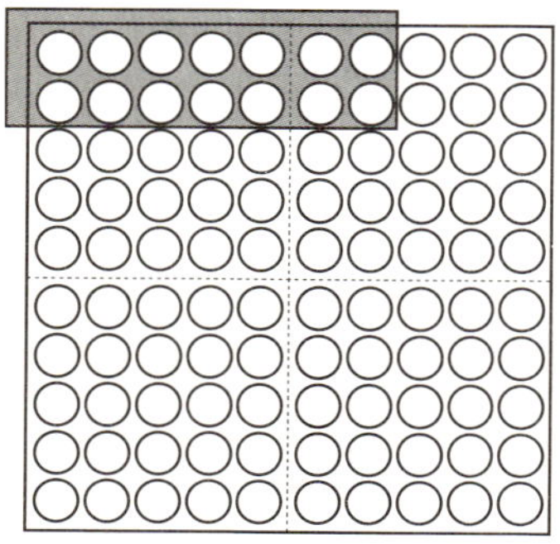

+
·

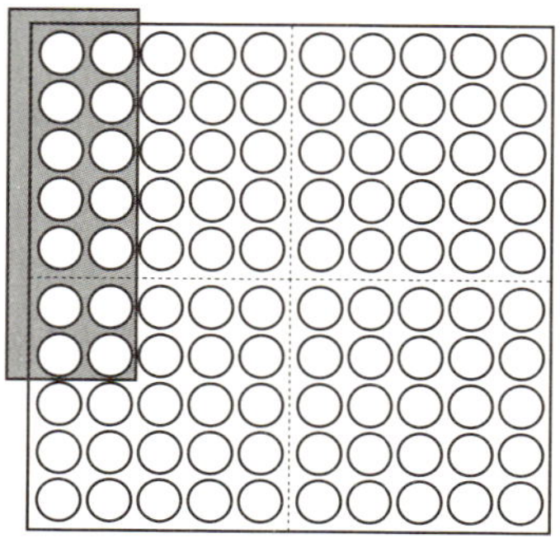

+
·

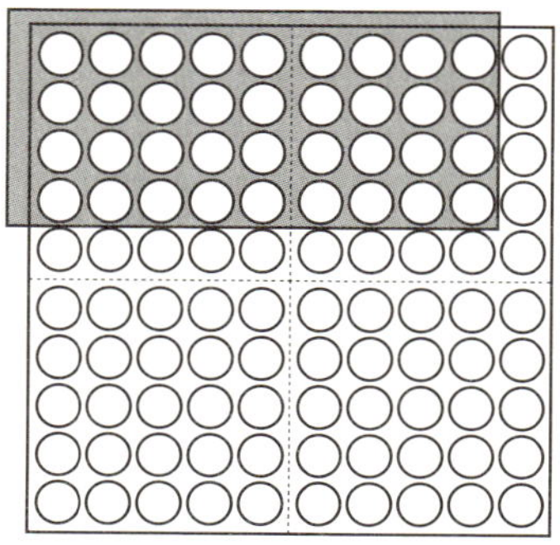

+
·

4. Male entsprechend viele Kästchen an und rechne!

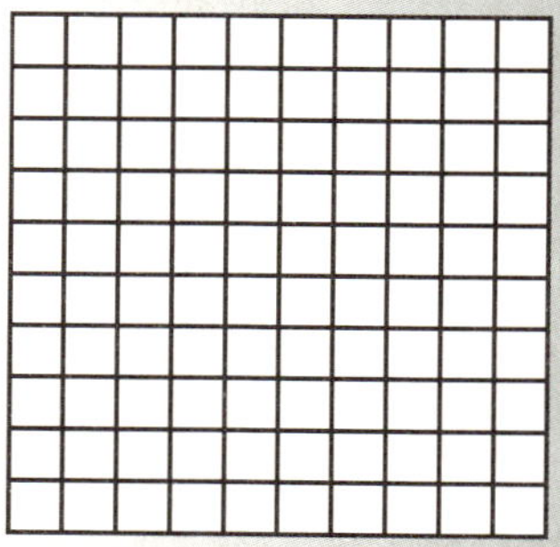

4 · 10 =

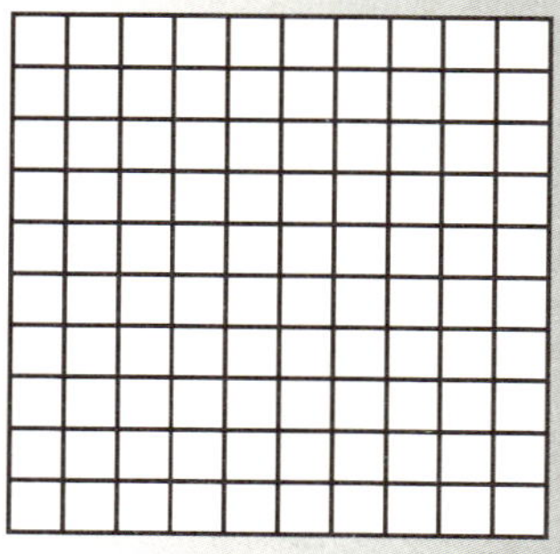

6 · 5 =

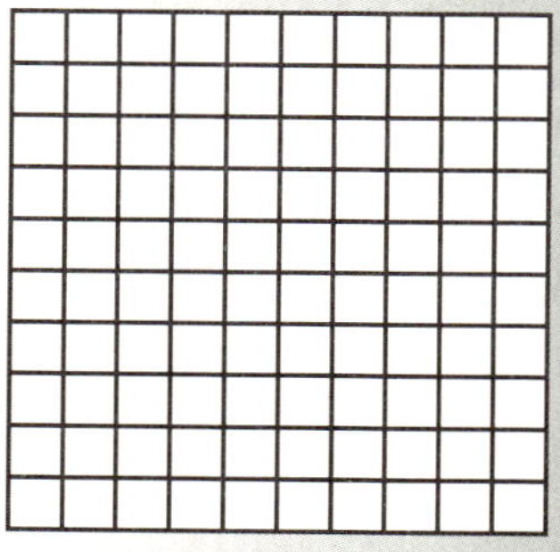

5 · 2 =

5. Rechne die Einmaleins-Kernaufgaben aus!

6 · 10 =	4 · 5 =	6 · 2 =	8 · 10 =
5 · 10 =	7 · 5 =	9 · 2 =	9 · 5 =
9 · 10 =	8 · 5 =	4 · 2 =	7 · 2 =

P. Schön/A. Pogoda Saam: Den Zahlenraum bis 100 aktiv entdecken

Name: Datum:

6. Wie heißt die Tauschaufgabe? Rechne!

5 • 3 =	2 • 8 =	5 • 6 =	2 • 9 =
• =	• =	• =	• =

7. Rechne mithilfe der Kernaufgaben die anderen Einmaleinsaufgaben aus!

Ich weiß:		Ich weiß:	
1 • 7 =	3 • 7 =	1 • 9 =	3 • 9 =
2 • 7 =	4 • 7 =	2 • 9 =	4 • 9 =
5 • 7 =	6 • 7 =	5 • 9 =	6 • 9 =
10 • 7 =	9 • 7 =	10 • 9 =	9 • 9 =

8. Wie heißt die Geteiltaufgabe? Kreise ein und rechne!

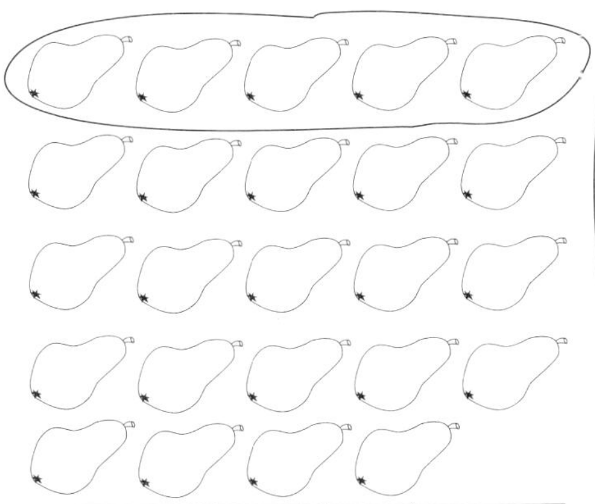

24 : ___ = ___

___ : ___ = ___

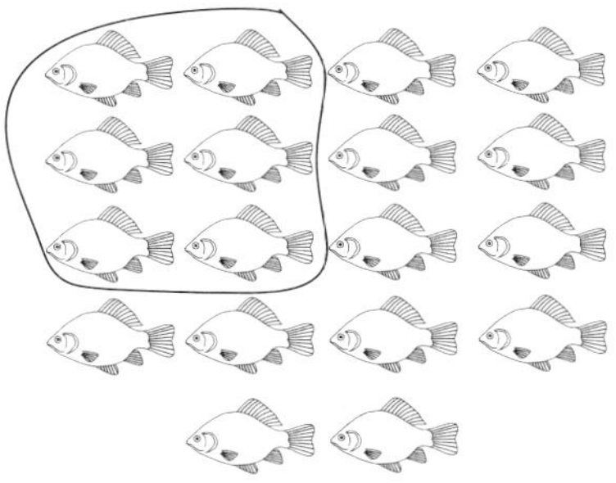

___ : ___ = ___

9. Löse die Rechengeschichten!

30 Luftballons werden an 5 Kinder verteilt.

Frage: Wie viele Luftballons bekommt jeder?

Aufgabe: ___ ___ ___ ___ ___

Antwort: Jeder bekommt _____ Luftballons.

In einem Eierkarton sind 6 Eier.

Frage: Wie viele Eier sind in 3 Kartons?

Aufgabe: ___ ___ ___ ___ ___

Antwort: In 3 Kartons sind ______ Eier.

Zeit: ____ Minuten von ____ gearbeitet.
Bewertung: Du hast von ____ Punkten ____ erreicht.
Das entspricht der Note ____

Unterschrift:

Name: Datum:

1. Kopfrechnen mit Einmaleins-Kernaufgaben!

2. Schreibe zu den Bildern die Plus- und Malaufgabe!

+ ________ = ____
· ________ = ____

+ ________ = ____
· ________ = ____

+ ________ = ____
· ________ = ____

3. Wie heißt die Plus- und Malaufgabe? Schreibe auf!

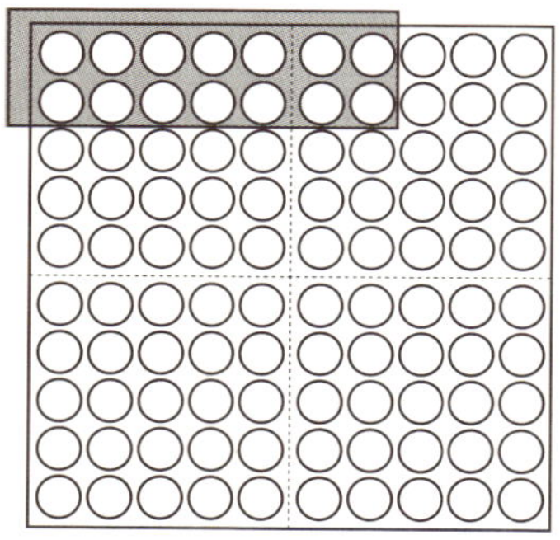

+
·

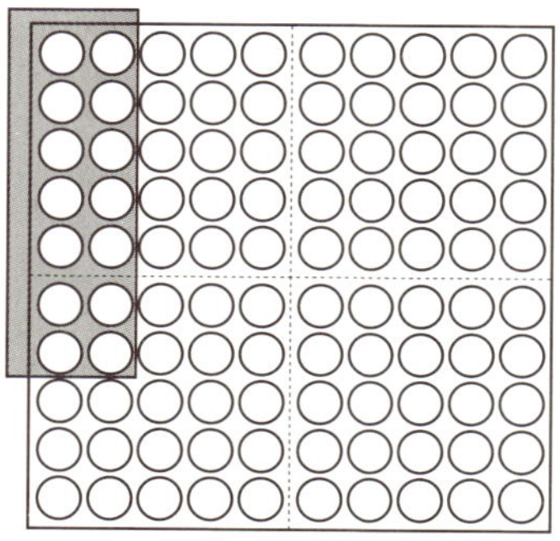

+
·

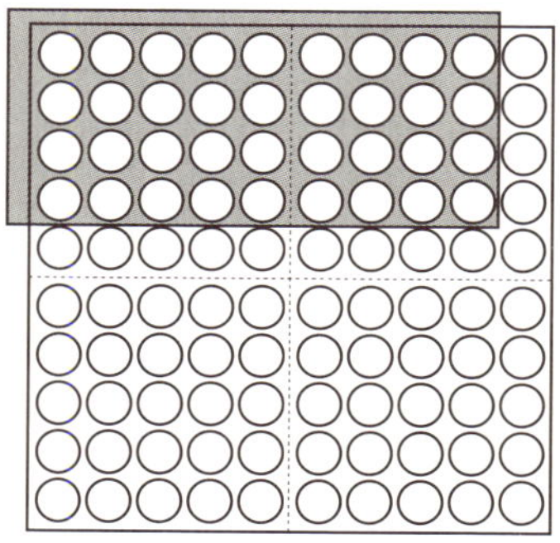

+
·

4. Male entsprechend viele Kästchen an und rechne!

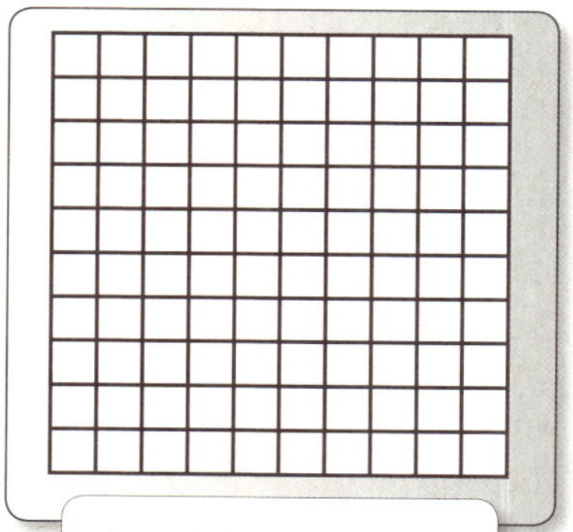

$4 \cdot 10 =$

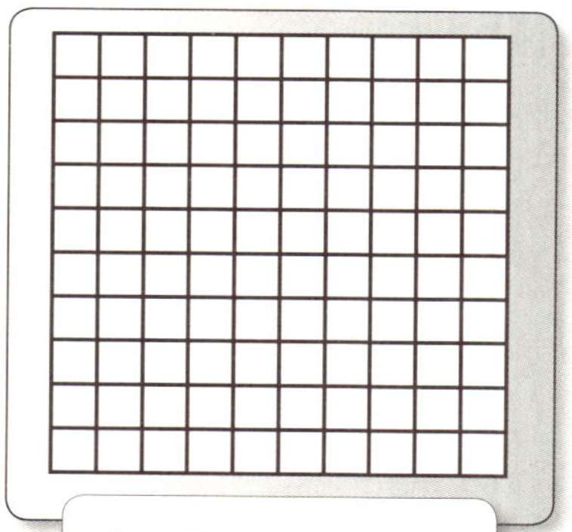

$6 \cdot 5 =$

$5 \cdot 2 =$

5. Rechne die Einmaleins-Kernaufgaben aus!

$6 \cdot 10 =$	$4 \cdot 5 =$	$6 \cdot 2 =$	$8 \cdot 10 =$
$5 \cdot 10 =$	$7 \cdot 5 =$	$9 \cdot 2 =$	$9 \cdot 5 =$
$9 \cdot 10 =$	$8 \cdot 5 =$	$4 \cdot 2 =$	$7 \cdot 2 =$

Name: Datum:

6. Wie heißt die Tauschaufgabe? Rechne!

5 • 3 =	2 • 8 =	5 • 6 =	2 • 9 =
• =	• =	• =	• =

7. Nimm deinen Einmaleins-Plan und rechne mithilfe der Kernaufgaben die anderen Einmaleinsaufgaben aus!

Ich weiß:		Ich weiß:	
1 • 7 =	3 • 7 =	1 • 9 =	3 • 9 =
2 • 7 =	4 • 7 =	2 • 9 =	4 • 9 =
5 • 7 =	6 • 7 =	5 • 9 =	6 • 9 =
10 • 7 =	9 • 7 =	10 • 9 =	9 • 9 =

8. Wie heißt die Geteiltaufgabe? Kreise ein und rechne die Geteiltaufgabe aus!

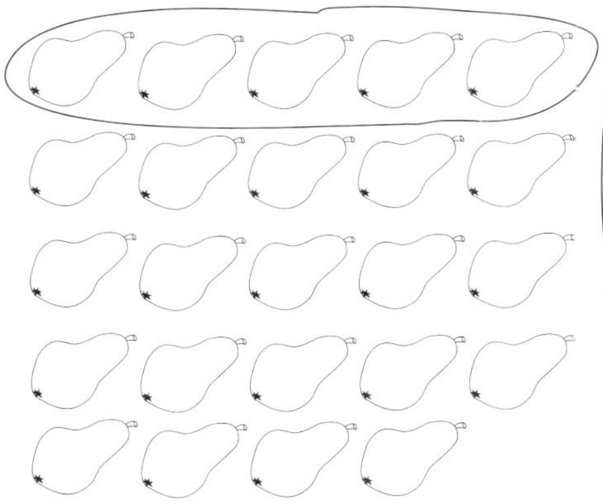

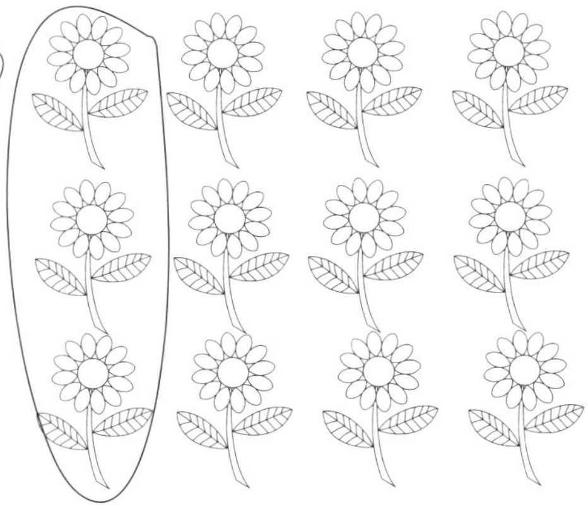

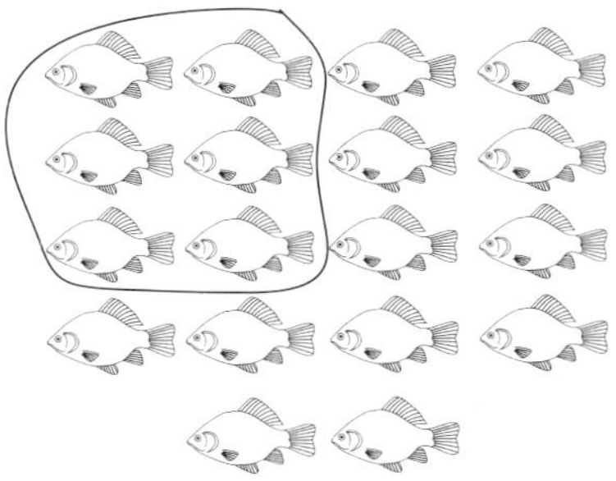

24 : 4 =	15 : 3 =	18 : 6 =

Zeit: ____ Minuten von ____ gearbeitet.
Bewertung: Du hast von ____ Punkten ____ erreicht.
Das entspricht der Note ____

Unterschrift:

Name: Datum:

1. Kopfrechnen mit Einmaleins-Kernaufgaben!

2. Wie heißt die Plus- und Malaufgabe? Schreibe auf und rechne!

(+) ______ = ____
(•) ______ = ____

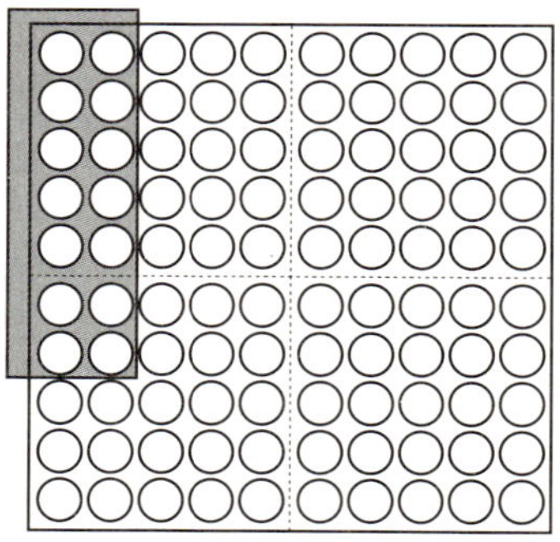

(+) ______ = ____
(•) ______ = ____

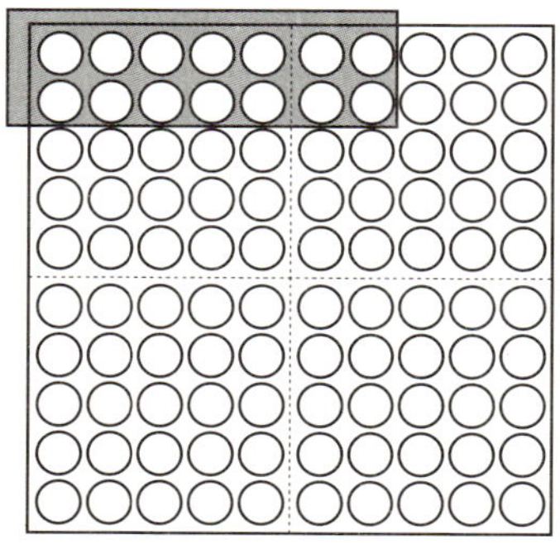

(+) ______ = ____
(•) ______ = ____

4. Male entsprechend viele Kästchen an und rechne!

4 • 10 =

6 • 5 =

5 • 2 =

5. Rechne die Einmaleins-Kernaufgaben aus!

6 • 10 =	4 • 5 =	6 • 2 =
5 • 10 =	7 • 5 =	9 • 2 =

6. Wie heißt die Tauschaufgabe? Rechne!

5 • 3 =	2 • 8 =	5 • 6 =	2 • 9 =
• =	• =	• =	• =

Name: Datum:

7. Schau in deinem Einmaleins-Plan in der 7er-Reihe und rechne mithilfe der Kernaufgaben die anderen Einmaleinsaufgaben aus!

Ich weiß:	
1 • 7 =	
2 • 7 =	
5 • 7 =	
10 • 7 =	

3 • 7 =	
4 • 7 =	
6 • 7 =	
9 • 7 =	

8. Kreise ein und rechne die Geteiltaufgabe aus!

24	:	4	=	

15	:	3	=	

18	:	6	=	

Zeit: ____ Minuten von ____ gearbeitet.
Bewertung: Du hast von ____ Punkten ____ erreicht.
Das entspricht der Note ____

Unterschrift:

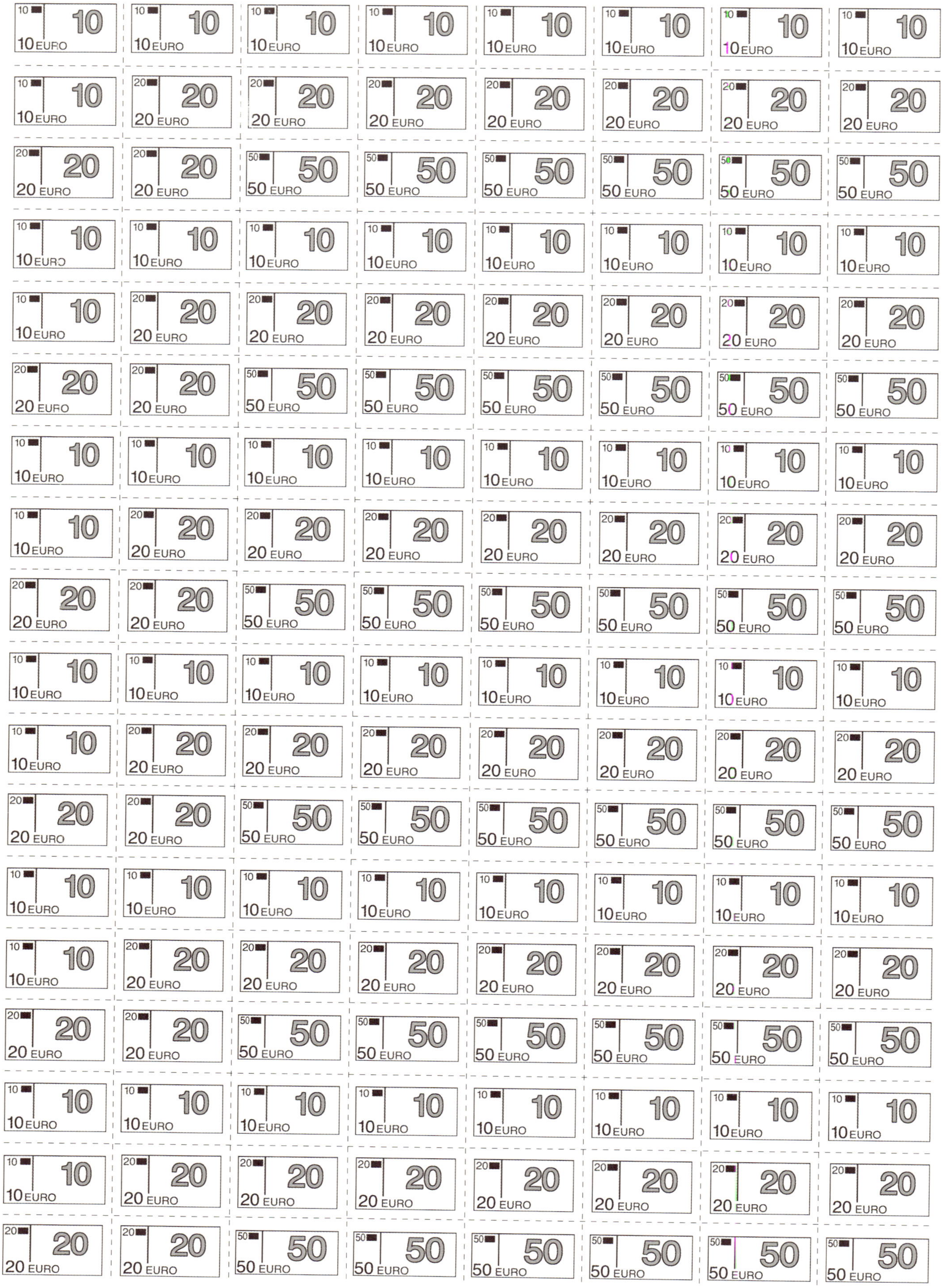
10 10 10 EURO
10 10 10 EURO
10 10 10 EURO
10 10 10 EURO
10 10 10 EURO
10 10 10 EURO
10 10 10 EURO
10 10 10 EURO
10 10 10 EURO
20 20 20 EURO
20 20 20 EURO
20 20 20 EURO
20 20 20 EURO
20 20 20 EURO
20 20 20 EURO
20 20 20 EURO
20 20 20 EURO
20 20 20 EURO
50 50 50 EURO
50 50 50 EURO
50 50 50 EURO
50 50 50 EURO
50 50 50 EURO
50 50 50 EURO
10 10 10 EURO
10 10 10 EURO
10 10 10 EURO
10 10 10 EURO
10 10 10 EURO
10 10 10 EURO
10 10 10 EURO
10 10 10 EURO
10 10 10 EURO
20 20 20 EURO
20 20 20 EURO
20 20 20 EURO
20 20 20 EURO
20 20 20 EURO
20 20 20 EURO
20 20 20 EURO
20 20 20 EURO
20 20 20 EURO
50 50 50 EURO
50 50 50 EURO
50 50 50 EURO
50 50 50 EURO
50 50 50 EURO
50 50 50 EURO
10 10 10 EURO
10 10 10 EURO
10 10 10 EURO
10 10 10 EURO
10 10 10 EURO
10 10 10 EURO
10 10 10 EURO
10 10 10 EURO
10 10 10 EURO
20 20 20 EURO
20 20 20 EURO
20 20 20 EURO
20 20 20 EURO
20 20 20 EURO
20 20 20 EURO
20 20 20 EURO
20 20 20 EURO
20 20 20 EURO
50 50 50 EURO
50 50 50 EURO
50 50 50 EURO
50 50 50 EURO
50 50 50 EURO
50 50 50 EURO
10 10 10 EURO
10 10 10 EURO
10 10 10 EURO
10 10 10 EURO
10 10 10 EURO
10 10 10 EURO
10 10 10 EURO
10 10 10 EURO
10 10 10 EURO
20 20 20 EURO
20 20 20 EURO
20 20 20 EURO
20 20 20 EURO
20 20 20 EURO
20 20 20 EURO
20 20 20 EURO
20 20 20 EURO
20 20 20 EURO
50 50 50 EURO
50 50 50 EURO
50 50 50 EURO
50 50 50 EURO
50 50 50 EURO
50 50 50 EURO
10 10 10 EURO
10 10 10 EURO
10 10 10 EURO
10 10 10 EURO
10 10 10 EURO
10 10 10 EURO
10 10 10 EURO
10 10 10 EURO
10 10 10 EURO
20 20 20 EURO
20 20 20 EURO
20 20 20 EURO
20 20 20 EURO
20 20 20 EURO
20 20 20 EURO
20 20 20 EURO
20 20 20 EURO
20 20 20 EURO
50 50 50 EURO
50 50 50 EURO
50 50 50 EURO
50 50 50 EURO
50 50 50 EURO
50 50 50 EURO
10 10 10 EURO
10 10 10 EURO
10 10 10 EURO
10 10 10 EURO
10 10 10 EURO
10 10 10 EURO
10 10 10 EURO
10 10 10 EURO
10 10 10 EURO
20 20 20 EURO
20 20 20 EURO
20 20 20 EURO
20 20 20 EURO
20 20 20 EURO
20 20 20 EURO
20 20 20 EURO
20 20 20 EURO
20 20 20 EURO
50 50 50 EURO
50 50 50 EURO
50 50 50 EURO
50 50 50 EURO
50 50 50 EURO
50 50 50 EURO